CATOLICISMO LATINO

La transformación de la Iglesia en Estados Unidos

Versión abreviada

Timothy Matovina

Liguori
ONE LIGUORI DRIVE
LIGUORI MO 63057-9999

Imprimi Potest:
Harry Grile, CSsR
Provincial de la Provincia de Denver
Los Redentoristas

Publicado por Libros Liguori
Liguori, MO 63057-9999

Para hacer pedidos llame al 800-325-9521.
www.librosliguori.org

Library of Congress Cataloging-in-Publication Data

Matovina, Timothy M., 1955-
  [Latino Catholicism. Spanish]
  Catolicismo latino : la transformación de la iglesia más grande de Norteamérica.
    pages cm
  "Versión abreviada, Timothy Matovina"—E-Cip t.p. verso.
  Includes bibliographical references and index.
  1. Hispanic American Catholics—Religious life. 2. Catholic Church—United States.
  I. Title.
  BX1407.H55M3813 2013
  282'.7308968—dc23

                                                        2013034160

  pISBN: 978-0-7648-2414-2

  eISBN: 978-0-7648-6897-9

Libros Liguori, una corporación sin fines de lucro, es un apostolado de los Padres y Hermanos Redentoristas. Para más información, visite Redemptorists.com.

Impreso en Estados Unidos de América
17 16 15 14 13 / 5 4 3 2 1

Primera edición

ÍNDICE

ABREVIATURAS

ACE — Alianza para la Educación Católica
(Alliance for Catholic Education)

ARIS — Estudio sobre la identidad religiosa en América
(American Religious Identification Survey)

CARA — Centro para la Investigación Aplicada al Apostolado
(Center for Applied Research in the Apostolate)

CNSH — Comité Nacional de Servicio Hispano

HCAPL — Iglesias Hispanas en la Vida Pública de Estados Unidos
(Hispanic Churches in American Public Life)

IPLA — Instituto Pastoral Latino Americano

La Red — Red Nacional Católica de Pastoral Juvenil Hispana

MACC — Centro Cultural México-Americano
(Mexican American Cultural Center) o
Universidad Católica México-Americana
(Mexican American Catholic College)

NCADDHM — Asociación Nacional Católica de Directores Diocesanos
para el Ministerio Hispano
*(National Catholic Association of Diocesan Directors
for Hispanic Ministry)*

NCCHM — Consejo Nacional Católico para el Ministerio Hispano
(National Catholic Council for Hispanic Ministry)

PADRES — Sacerdotes Asociados por los Derechos Religiosos,
Educativos y Sociales
*(Priests Associated for Religious, Educational,
and Social Rights)*

PARAL — Programa para el Análisis de la Religión de los Latinos
(Program for the Analysis of Religion Among Latinos)

PFRPL — *Pew Forum on Religion and Public Life*

PHC/PFRPL — *Pew Hispanic Center and
Pew Forum on Religion and Public Life*

PICO — Instituto del Pacífico para Organizaciones Comunitarias
(Pacific Institute for Community Organizations)

RCC — Renovación Carismática Católica

SEPI — Instituto Pastoral del Sureste
(Southeast Pastoral Institute)

UFW — Trabajadores del Campo Unidos
(United Farm Workers)

USCCB — Conferencia Episcopal de los Obispos Católicos
de Estados Unidos
(United States Conference of Catholic Bishops)

PREFACIO

Los católicos son el grupo religioso más grande de Estados Unidos, cerca de la cuarta parte de todos los habitantes del país. Los hispanos constituyen más de la tercera parte de los católicos de Estados Unidos. Ellos son la razón de por qué el Catolicismo sigue conservando un lugar importante entre las otras religiones presentes en Estados Unidos. De acuerdo con la encuesta de afiliación religiosa en Estados Unidos (*American Religious Identification Survey*), sin el número siempre creciente de latinos en este país, la población católica en Estados Unidos estaría declinando a un ritmo semejante al de los grupos Protestantes tradicionales. Y dada la relativa juventud de la comunidad latina, los católicos hispanos seguirán representando con el tiempo un porcentaje cada vez mayor. Robert Putman y David Campbell, autores de un estudio de 2010 sobre la religión en América, sostienen que la Iglesia Católica en Estados Unidos "está en camino de convertirse en una institución mayoritariamente latina".

El creciente número de latinos altera la demografía del Catolicismo en América. Si bien la base tradicional del Catolicismo como institución se encuentra en el Noreste del país, la presencia latina ha ayudado a cambiar el peso demográfico de los católicos al Suroeste. De 1990 a 2008, la proporción de católicos en Texas y California se incrementó en un ocho y nueve por ciento respectivamente, mientras que en Massachusetts y Nueva York decreció en un quince y siete por ciento. Los cambios en la demografía son especialmente dramáticos en los estados que históricamente siempre han contado con una débil presencia católica, como Georgia, donde los católicos hispanos son más que aquellos que descienden de un Catolicismo europeo. Entre las diócesis católicas con mayor crecimiento de población hispana desde 1990 se encuentran algunas que anteriormente tenían muy pocos latinos como Charlotte, Carolina del Norte; Savannah, Georgia; y Boise, Idaho.

Pero los números por sí solos no explican el alcance de la presencia latina en la Iglesia Católica de Estados Unidos. La influencia mutua entre el Catolicismo y los pueblos hispanos de Estados Unidos está configurando no solo el futuro de la vida católica en América, sino también de la misma nación. Los latinos están alterando a la Iglesia Católica y a la sociedad en Norteamérica por la forma en que se está llevando a cabo su "americanización" y su adopción de la lengua inglesa; por su defensa del ministerio hispano y de los derechos migratorios; por su participación en parroquias, movimientos apostólicos y cambios de denominación religiosa; por su respuesta a la crisis de abusos sexuales cometidos por algunos clérigos con el conocimiento de algunos obispos que incluso los transfirieron a otros ministerios; y por su gusto por la religiosidad pública y las devociones tradicionales. Al mismo tiempo, la vida y la fe de los católicos latinos está siendo modificada profundamente –y hasta de forma áspera– por las presiones para hacer más rápida su asimilación cultural, por los movimientos que piden el uso exclusivo del inglés en el país, por las batallas para preservar sus derechos civiles, por la hostilidad de fuerzas políticas conservadoras, por el pluralismo religioso y la secularización creciente, por el desarrollo de pequeñas comunidades de fe y de las religiones Evangélica y Pentecostal, y por las controversias sobre la inmigración y el abuso sexual de niños por parte de clérigos.

Este libro examina dichas influencias recíprocas. Aunque hablo de numerosos temas y hago distinciones entre los diversos grupos de latinos cuando es pertinente, la principal lente interpretativa de este libro apunta a cómo la cultura de Estados Unidos, la Iglesia Católica de este país y los latinos se transforman mutuamente. Después de un capítulo inicial sobre los hispanos en la historia de la Iglesia Católica de Estados Unidos, los capítulos siguientes examinan la integración de los latinos en la Iglesia y en la sociedad, las iniciativas para desarrollar estructuras eclesiales que los atiendan y un núcleo doctrinal fundamental para el ministerio hispano, la participación en las parroquias y los movimientos apostólicos; el culto y la devoción, y los esfuerzos por transmitir la fe a los jóvenes. Los retos presentados por las iglesias Pentecostales y Evangélicas, y el número creciente de latinos que dicen no contar con una afiliación religiosa concreta, son tratados en varios apartados a lo largo del libro, particularmente en el capítulo 4. Un epílogo ofrece una última valoración y previsión sobre el futuro de los católicos latinos y las transformaciones recíprocas de las que se ha hablado.

Es difícil generalizar sin ser simplista sobre los latinos. Aunque "católicos latinos" puede ser una expresión útil para distinguir a aquellos católicos de Estados Unidos que provienen del ámbito hispano –ya sea ellos mismos o sus antepasados–, es decir, vinculados a la cultura dominante de otros grupos étnicos o raciales (por ejemplo, tanto los mexicanos como los salvadoreños, pertenecen a la cultura dominante "hispana"), pensar en un grupo homogéneo de católicos latinos no es muy distinto de hablar de otros grupos "homogéneos" de católicos como son los africanos, los asiáticos, los europeos o de los pueblos nativos de América. El español es la lengua oficial en veintidós países y de todos esos países hay residentes en Estados Unidos, la quinta nación del mundo con más hispanohablantes y la que tiene mayor diversidad de hispanos. Históricamente hablando, por supuesto, los pueblos de habla hispana comparten una herencia común de España en la que el Catolicismo Romano juega un papel muy importante. Al mismo tiempo, raíces africanas e indígenas han venido a influir en ellos. En el Caribe, donde los colonizadores españoles diezmaron a la población indígena y de manera forzada crearon asentamientos de esclavos africanos, la influencia africana es aún muy fuerte. En países como Perú, Guatemala o México, donde muchos elementos de las culturas inca, maya y azteca sobrevivieron a la conquista española, la cultura indígena sigue influyendo todavía en nuestros días. La mezcla o mestizaje de las culturas española, africana e indígena ha sido un proceso complejo que varía a nivel local, regional y nacional. Además, las diferencias de estatus socioeconómico así como las diferencias regionales y generacionales dan lugar a una grandísima diversidad entre los hispanos de Estados Unidos.

Incluso las mismas palabras utilizadas en español para nombrarlos varían. Mientras algunos se llaman a sí mismos por su país de origen y otros insisten en que son "americanos" para subrayar su identidad estadounidense, muchos latinos emplean términos como "méxico-americano" o "cubano-americano" para mostrar su doble herencia. Personas de ascendencia mexicana y algunos otros adoptan el término "chicano", por lo general para expresar una fuerte conciencia étnica y orientación hacia una lucha social y de justicia. Conforme los puertorriqueños, los cubanos, los mexicanos y otros grupos llegan a tener más contacto entre sí y colaboran más en sus preocupaciones comunes, usan con mayor frecuencia expresiones paraguas como "hispano" y "latino" (y sus correspondientes "hispana" y "latina") para acentuar su herencia común, tanto lingüística como étnica, así como las diferencias con los otros residentes de Estados Unidos. "Hispano" se usa más comúnmente en documentos oficiales de la Iglesia Católica y entre los líderes católicos, mientras "latino" y "latina" está tomando mayor fuerza entre los intelectuales y activistas. Las diferencias regionales pueden influir en la etiqueta que cada quien escoge, por ejemplo, "latino" es claramente preferido en la costa oeste. Dado que ninguna etiqueta goza de aceptación universal, en este libro los términos más comunes se usan indiferentemente. Donde parece oportuno, se toma información de estudios sociológicos, como los del *Pew Hispanic Center* y los del *Pew Forum on Religion and Public Life*; el Programa para el Análisis de la Religión de los Latinos (PARAL, por sus siglas en inglés); el Proyecto para la Vida Pública de las Iglesias Hispanas en Estados Unidos; el Centro para la Investigación Aplicada al Apostolado (CARA, por sus siglas en inglés); el Centro Nacional de Investigación y Recursos para el Ministerio Hispano de Jóvenes y Jóvenes Adultos; el Estudio nacional sobre juventud y religión; el Estudio sobre la identidad religiosa en América; y el Estudio nacional sobre los latinos. El libro también presenta información recabada en entrevistas con importantes líderes católicos e hispanos, y otros personajes fuertemente enraizados en el Catolicismo hispano y se ha servido de materiales ya publicados, sitios de internet de organizaciones católicas, documentos oficiales de la Iglesia y literatura relacionada con la religiosidad de los latinos. Aunque espero ofrecer una visión equilibrada, sería un error ver este libro como fruto de un trabajo de análisis desapasionado. Mi labor docente, enseñando y hablando en público, me ha permitido conocer mucho de la gente que aparece en estas páginas. Con este libro deseo despertar el interés del público en general y de muchos ministros hispanos cuya dedicación yo admiro. Consideraré mi misión cumplida si algunos de estos ministros encuentran este libro como una fuente de reflexión útil.

CAPÍTULO 1

Los cambios en el mapa del Catolicismo americano

El P. José Antonio Díaz de León murió misteriosamente en 1834, cerca del pueblo de Nacogdoches, al este de Texas. Un juez exoneró al angloamericano acusado de asesinarlo entre los rumores de que la muerte del sacerdote, ocurrida por una herida de bala, había sido un suicidio. Los católicos mexicanos rechazaron el veredicto. ¿Cómo podía su párroco, un franciscano que se había dedicado ejemplarmente al servicio de la gente en la frontera de Texas por casi toda su vida, haber cometido semejante acto de desesperación?

Siete años más tarde, los sacerdotes vicentinos John Timon y Jean Marie Odin hicieron una visita pastoral a Nacogdoches. En ella, hablaron enérgicamente contra la situación en que se encontraban los católicos mexicanos, a los que los angloamericanos habían asesinado, expulsado y despojado de sus tierras. El P. Odin informó que los angloamericanos habían quemado la iglesia católica del lugar. Aun así, los católicos seguían reuniéndose en casas privadas para los días de fiesta, para los actos semanales de culto y para celebrar algunos ritos como, por ejemplo, los funerales. El Catolicismo en Nacogdoches fue prácticamente una realidad dirigida por laicos hasta 1847, cuando Mons. Odin nombró a dos sacerdotes para ocupar la vacante del P. Díaz de León. La forma tan entusiasta en que los fieles recibían los sacramentos de manos de sus nuevos pastores fue un testimonio de la fortaleza de su fe, la cual logró superar un periodo tan difícil.

Estos hechos ampliamente ignorados sucedieron al mismo tiempo que otros hechos, ampliamente estudiados, de la historia de la Iglesia Católica en Estados Unidos, como las atrocidades cometidas por una turba anticatólica que quemó completamente el convento de las ursulinas en Charlestown, Massachusetts, en 1834. Diversos trabajos de Historia estudian también la epopeya de inmigrantes católicos de Europa, cuyos flujos de inmigración se incrementaron significativamente en las mismas décadas en que los católicos mexicanos de Nacogdoches luchaban con fe por sobrevivir. John Hughes, nacido en Irlanda, se convirtió en el obispo de Nueva York en 1842, el mismo año en que Odin se convirtió en el primer obispo de Texas. Pero los esfuerzos de Odin a lo largo de dos décadas por hacer progresar a la Iglesia Católica y la fe en Texas son mucho menos reconocidos que los de Hughes en Nueva York.

Construyendo sobre el innovador trabajo de colegas como Moisés Sandoval, quien ayudó a fundamentar el capítulo en Estados Unidos de la Comisión para el Estudio de la Historia de la Iglesia en Latinoamérica (CEHILA), este capítulo es parte de un esfuerzo más amplio por mirar de otra forma la historia del Catolicismo americano, utilizando los lentes del Catolicismo latino y su experiencia en este país. ¿Qué lugar ocupan los latinos en esta historia y cómo influyen en ella? La respuesta permite varias interpretaciones, pero la forma en que uno responda es decisiva para temas fundamentales que nos llevarán a entender la presencia hispana y el futuro de los católicos en Estados Unidos.

Para los latinos las representaciones más polémicas del pasado católico de Estados Unidos son aquellas que opacan sus contribuciones. Algunos trabajos de Historia sobre el Catolicismo de Estados Unidos afrontan la presencia y contribución de los hispanos, comenzando con la época colonial española, en vez de con las colonias protestantes, británicas, creadas posteriormente. Pero incluso el libro de 2008, escrito por James M. O'Toole, *Los creyentes: historia de los católicos en América* ofrece solo dos breves referencias a los hispanos desde los orígenes del Catolicismo en Estados Unidos hasta el siglo XXI. El último capítulo presenta a los latinos como un componente importante del Catolicismo en Estados Unidos de nuestros días, pero deja al lector con la impresión de que solo ahora los hispanos se están convirtiendo en un elemento digno de mención.

Mientras los católicos eran una pequeña minoría en las colonias británicas, desde Florida hasta California eran una población importante bajo la España católica. El primer grupo masivo de católicos que se asentó en Estados Unidos fue uno compuesto por inmigrantes europeos en el siglo XIX; pero el primer gran grupo de hispanos católicos se convirtió en parte de la Nación durante la misma época, sin dejar su casa, incorporados por los cambios de fronteras a consecuencia de la expansión territorial de Estados Unidos hacia Florida y hacia el Oeste. Justo cuando la inmigración europea disminuyó a números relativamente pequeños, después de la legislación restrictiva de 1920, la inmigración hispana comenzó a hacerse más fuerte, empujada por la Revolución Mexicana. La historia del Catolicismo latino, distinta de la historia de los católicos de ascendencia europea, exige un nuevo análisis de cada época en la historiografía normalmente conocida, particularmente desde la Segunda Guerra Mundial, cuando oleadas de inmigrantes hispanos comenzaron a representar una porción significativa y creciente de lo que supuestamente era una Iglesia establecida, americanizada y post-inmigrante.

Una perspectiva latina sobre la historia del Catolicismo en Estados Unidos exige revisar la historia de este país y de Latinoamérica. Siguiendo a la presencia de la colonia española en tierras que ahora pertenecen a Estados Unidos, el expansionismo americano llevó a la conquista de casi la mitad del territorio nacional de México en la mitad del siglo XIX; consolidó, cinco décadas más tarde, la ocupación americana de Puerto Rico; alimentó los cambios económicos que llevaron a los movimientos migratorios de finales del siglo XIX e inicios del XX; llevó a una presencia americana a lo largo y ancho del Caribe y Centroamérica que ayudó a provocar migraciones de esas regiones; y ha guiado el proceso de globalización que en las décadas recientes ha provocado una explosión de la inmigración en Latinoamérica. Este último proceso atenuó la frontera entre Norteamérica y Latinoamérica, acelerando el desarrollo de vínculos ya existentes entre el Catolicismo de Estados Unidos y el Catolicismo del resto del Continente. Esto llevó también a un grado sin precedentes de diversificación de grupos provenientes de distintos países de habla hispana, que vinieron a formar parte del Catolicismo de Estados Unidos. Examinar el pasado del Catolicismo de este país con la lente de la experiencia hispana es esencial para entender la actual hispanización de la que somos testigos.

Orígenes coloniales

Jay Dolan, en el cuestionario que aplica al inicio de su curso de historia a sus estudiantes pregunta la relevancia de tres años: 1607, 1608 y 1610. El año de 1607 es conocido como el año en que se fundó la primera colonia británica, Jamestown; pero rara vez 1608 es identificado como el año en que se fundó Quebec y 1610, Santa Fe. Dolan afirma que él quiere "imprimir en los estudiantes la dimensión francesa y española de la historia de Estados Unidos al igual que la dimensión inglesa, más conocida". Los católicos de habla hispana han vivido en partes de lo que ahora es Estados Unidos el doble de tiempo de lo que el mismo país ha existido. La primera diócesis en el Nuevo Mundo se estableció en 1511, en San Juan, Puerto Rico. Unos súbditos de la Corona Española fundaron el primer asentamiento europeo permanente en San Agustín, Florida, en 1565, cuatro décadas antes que Jamestown y fue cerca de 1620, cuando establecieron el primer santuario mariano. A finales del siglo XVI, los Jesuitas y los Franciscanos comenzaron a misionar en lo que hoy es Georgia y hacia el norte, en lo que actualmente es Virginia. En 1598, súbditos españoles cruzaron lo que actualmente es El Paso, Texas, y se dirigieron al norte para establecer los fundamentos del Catolicismo en lo que ahora es el Suroeste del país.

Los católicos en las trece colonias eran una minoría reprimida que habitaba en una tierra Protestante, escasamente el uno por ciento de la población en el momento en que se firmó la Declaración de Independencia. Mientras tanto, en los asentamientos hispanos desde Florida hasta California, el Catolicismo fue la religión predominante bajo España y, en el Suroeste, bajo México, después de que este obtuviera la independencia en 1821. Los orígenes del Catolicismo en lo que ahora es Estados Unidos, fueron hispanos. Los Latinos actuales reclaman este papel como fundadores de muchas maneras. Residentes de El Paso sostienen que fueron miembros de la expedición de Juan de Oñate quienes celebraron el primer *Thanksgiving* en Estados Unidos, el 30 de abril de 1598, en gratitud por haber sobrevivido a su viaje a través del desierto de Chihuahua. Sus festejos incluyeron una Misa católica y una comida para la cual los españoles proveyeron juegos y los indígenas del lugar pescado. Actualmente, la "Asociación Sendero de la Misión de El Paso" (*El Paso Mission Trail Association*) conmemora el evento todos los años.

Aun así, la relevancia histórica del Catolicismo hispano durante el periodo colonial es considerada con frecuencia un simple hecho del pasado, algo encerrado en el tiempo de las misiones españolas. Tal concepción apareció solo después de la anexión del norte de México a Estados Unidos, después de la guerra entre ambos países (1846-1848), como lo demuestra la narración de Francis Baylies, un testigo ocular de la época. Él vio los esfuerzos misioneros de frailes españoles entre los pueblos indígenas de Texas y las "magníficas huellas" dejadas por los esfuerzos de los misioneros durante la época colonial en las ruinas del complejo de la misión cerca de San Antonio, Texas. Lamentaba el declive de la fe después de la independencia de México, incluyendo el deterioro de las "magníficas iglesias [y] monasterios" que "en otro tiempo fueron puntas de lanza de la Cristiandad y ahora solo eran ruinas cubiertas de musgo".

El que Baylies viera la conquista realizada por Estados Unidos como una redención de aquellos territorios del retraso y corrupción mexicanos, lo llevó a ver un contraste, de corte eurocéntrico, entre la decadencia de las misiones bajo el México independiente y su previa "edad de oro" en la que los frailes españoles enseñaron el Cristianismo, la cultura española y la civilización europea a los indígenas. En *Century Magazine* de junio de 1883, Helen Hunt Jackson escribió sobre Fray Junípero Serra, fundador de las misiones de California, y sus compañeros franciscanos en los que encontró un ejemplo de fe y entrega a los demás. Consideró sus esfuerzos superiores a los de los puritanos, quienes "cada año empujaron a los indios lejos y más lejos hacia tierras todavía no habitadas, peleando y matándolos", mientras que los frailes españoles "reunían a los indios por miles en comunidades y los alimentaban e instruían".

Incluso los historiadores con mucha frecuencia caen en falsas concepciones acerca de las misiones y su abandono durante el período mexicano. De hecho, parroquias, capillas militares, santuarios privados y algunas misiones han sido el hogar de comunidades de fe católicas muy activas, desde los tiempos de la colonia, hasta nuestros días. El Cristianismo llegó a tierras que actualmente forman parte de Estados Unidos con las expediciones españolas, como la de Juan Ponce de León en Florida y la de Pánfilo de Narváez, de la cual solo sobrevivieron Alvar Núñez Cabeza de Vaca y algunos más, después de una muy dura experiencia de ocho años en la que tuvieron que pasar por hambre, cautiverios y una dura travesía desde Florida hasta la Nueva España (México). Más tarde, súbditos españoles crearon asentamientos para dar un respaldo a los reclamos territoriales de la Corona Española, obtener beneficios económicos y propagar el Catolicismo entre los indígenas.

La Corona Española vio las misiones como instituciones temporales cuyo papel era preparar a los indígenas de América para convertirse en respetables súbditos de España. Estos conversos iban a recibir lotes de tierra y otros bienes para ayudarles en su transición a católicos hispanizados. Pero a menudo los indígenas que vivían en la misión, perdían todo lo que poseían por culpa de funcionarios sin escrúpulos o por otros hispanos, mudándose a pueblos donde ocupaban la parte más baja del escalafón social. Muchas misiones se fueron deteriorando, pero otros edificios de la Iglesia siguieron funcionando como edificios católicos de culto, los cuales siguen teniendo la misma función hasta nuestros días.

Las misiones revelan un elemento importante del Catolicismo latino: la fe y el liderazgo de mujeres como Eulalia Pérez. Eulalia se mudó junto con su esposo a la misión de San Gabriel (cerca de Los Ángeles), a inicios del siglo XIX. A la muerte de este, se convirtió en ama de llaves, un puesto de liderazgo que poco a poco se fue haciendo más importante, cuando el número de frailes comenzó a disminuir. Su tarea incluía administrar víveres y supervisar a los trabajadores indígenas de la misión. Era la laica encargada de supervisar la vida cotidiana de la comunidad que vivía en la misión.

Al igual que las misiones, las parroquias y las capillas, tanto militares como privadas, jugaron un papel crucial para establecer y conservar el Catolicismo. Las parroquias aparecieron en primer lugar con la creación de pueblos bien constituidos. Los residentes mostraron su iniciativa construyendo iglesias y buscando los servicios del clero. Los católicos hispanos crearon parroquias en lugares como San Agustín, San Antonio, Laredo, Santa Fe, Albuquerque y Los Ángeles, junto con capillas militares como la de Monterey, California, cuya actual catedral tiene sus orígenes en una capilla militar de la época colonial.

Las capillas privadas y los lugares de peregrinación revelan los orígenes del Catolicismo hispano en el pasado colonial. El más famoso de ellos es el santuario de Chimayó, en Nuevo México. Los indios Tewa alababan las propiedades curativas de la tierra sagrada de Chimayó mucho antes de que llegaran los colonizadores católicos. Súbditos españoles terminaron la primera capilla en 1816 y dedicaron el Santuario de Chimayó a Nuestro Señor de Esquipulas, un crucifijo originario de Guatemala. Dicha representación está asociada con un lugar sacro de los mayas, famoso también por su tierra sanadora. En 1850, los devotos del Santuario de Chimayó añadieron una estatua del Santo Niño de Atocha en respuesta a otro santuario dedicado al Santo Niño. El Santo Niño y el lodo milagroso son aún lo que más llama la atención a los miles de peregrinos que visitan Chimayó anualmente.

La mayoría de los hispanos católicos que vivían en lo que ahora es Estados Unidos, vivían en el Suroeste del país. Durante la época colonial española y después de la guerra de independencia de México de 1821, Nuevo México era el territorio con el mayor número de católicos. A inicios del siglo XIX, el clero diocesano comenzó a desplazar a los misioneros franciscanos que habían estado trabajando ahí desde finales del siglo XVI. En 1798, la diócesis de Durango, que abarcaba la diócesis de Nuevo México, nombró a los primeros párrocos diocesanos. Para finales de la década de 1840, los sacerdotes diocesanos atendían ya las necesidades espirituales de las parroquias de Nuevo México. La pervivencia de la Iglesia en Nuevo México dependía de las mismas comunidades, incluyendo su capacidad para suscitar vocaciones entre sus jóvenes. Una vocación local fue el P. Ramón Ortiz (1814-1896), nacido en Santa Fe y ordenado en Durango, en 1837. El P. Ortiz defendió la soberanía mexicana escribiendo a su obispo durante la guerra entre México y Estados Unidos para informarle que la gente del lugar estaba dispuesta a defender su país. Más tarde fungió como delegado ante el Congreso de la Nación en la Ciudad de México, donde se opuso al tratado de Guadalupe Hidalgo firmado en 1848, con el que se ponía fin a la guerra y se cedía cerca de la mitad del territorio de México a Estados Unidos. Hasta su muerte, Ortiz se dedicó a la cura de almas a ambos lados del río, convertido ahora en nueva frontera entre ambos países.

Las comunidades católicas del Suroeste pronto pusieron en práctica sus tradiciones culturales, entre ellas, expresiones católicas de religiosidad echando mano de rituales, devociones y celebraciones heredadas de sus antepasados como días santos, procesiones, Misas, ritos de iniciación, compadrazgo y dramáticas representaciones de la muerte de Cristo y su deposición de la cruz. Un ritual practicado durante la época colonial española en la iglesia parroquial de San Francisco de Asís, en Santa Fe, fue una ceremonia del Viernes Santo en la que los fieles simbólicamente quitaban el cuerpo de Cristo de la cruz, lo ponían en los brazos de su Madre doliente y llevaban en procesión el cuerpo por las calles. El recinto de la iglesia era la colina de El Calvario, con la estatua de Nuestra Señora de la Soledad colocada de forma que representara a María al pie de la cruz. Como parte del ritual, un sacerdote pronunciaba el "Sermón de la Soledad" invitando a los presentes a "trasladarse con la meditación y la contemplación al Gólgota" y a representarse con la imaginación lo que "nuestros ojos ven en este funesto y lúgubre lugar".

Por tanto, el Catolicismo latino comenzó con comunidades

iniciadas en el siglo XVI, llegando hasta el siglo XIX. Mientras Estados Unidos se expandía en la parte norte del Continente Americano, durante la primera mitad del siglo XIX, los lugares católicos de culto para los hispanos y alrededor de 80,000 católicos de habla hispana fueron incorporados al país. Las comunidades de fe ya existentes, las tradiciones religiosas y el clero en varios lugares desmienten el supuesto de una radical ruptura con el pasado colonial español que rechaza cualquier raíz hispana en el Catolicismo de lo que después se convirtió en Estados Unidos.

Comunidades de fe duraderas

Se dice que los católicos mexicanos del Suroeste no cruzaron la frontera, sino más bien la frontera los cruzó a ellos, cuando Estados Unidos obtuvo los territorios del norte de México. Los inmigrantes alemanes consideraban 1848 como un año de revolución; los irlandeses lo recordaban como el momento más duro de la hambruna de la patata; pero 1848 está grabado hondamente en la conciencia de los mexicoamericanos como el año en que una derrota militar llevó al presidente de México a ceder casi la mitad del territorio de su nación a Estados Unidos. Los hispanos incorporados a Estados Unidos presenciaron cómo su religión iba siendo desmantelada junto con la pérdida de sus tierras, su bienestar económico, su influencia política y su hegemonía cultural. Su "aguante" y fe durante este tiempo es uno de los capítulos más ignorados de la historia del Catolicismo en América.

La conquista del norte de México comenzó con la guerra entre Texas y México (1835-1836), que desembocó en el surgimiento de la República Independiente de Texas. Nueve años más tarde, Estados Unidos llevó a cabo la anexión de Texas y se suscitó otra guerra a lo largo del Río Grande. El tratado de Guadalupe Hidalgo, de 1848, puso fin de manera oficial a esta guerra, estableció nuevas fronteras entre México y Estados Unidos, y supuestamente garantizó la ciudadanía, propiedad y derechos religiosos de los ciudadanos mexicanos que decidieron quedarse. México perdió los actuales estados de Texas,

Nevada, California, Utah y partes de Nuevo México, Arizona, Colorado y Wyoming. Seis años más tarde, la "Compra de Gadsden" o "Tratado de Mesilla" completó la anexión americana. Con la amenaza de otra invasión de Estados Unidos como telón de fondo para las negociaciones, James Gadsden "compró" la parte sur de los actuales Arizona y Nuevo México por la cantidad de $10 millones de dólares.

Cuán inútil era la resistencia directa a la ocupación de Estados Unidos fue dolorosamente evidente en hechos como la rebelión de Taos, en 1847, un alzamiento en el que hispanos e indígenas de Norteamérica trataron de librarse del poder americano que se había establecido en Nuevo México el año anterior. Los insurrectos asesinaron al gobernador del territorio, Charles Bent, y a otros angloamericanos; pero las fuerzas estadounidenses sofocaron la rebelión y colgaron en lugares públicos a los líderes. La derrota militar inició el proceso de conquista y expansión de Estados Unidos, mientras funcionarios, servidores públicos, tropas de ocupación y ciudadanos angloamericanos imponían el yugo americano. La violencia contra los mexicanos fue en ocasiones extrema y el sistema judicial les ofrecía poca protección a pesar de ser ciudadanos americanos. Cuando Texas se convirtió en un estado, en 1845, los mexicanos de San Antonio perdieron el control del consejo de la ciudad y la mayor parte de sus tierras e inmuebles, esto último, en algunos casos, por simple expulsión de sus casas y propiedades. Cada vez más los mexicanos iban convirtiéndose en trabajadores de clase baja.

La hegemonía hispana en la vida religiosa y en las celebraciones públicas también se perdió después de la anexión americana. Para 1890, el en otro tiempo pueblo "católico" de Los Ángeles tenía muchas organizaciones religiosas no católicas. Los angloamericanos promovieron la participación de residentes, descendientes de mexicanos, en desfiles y ceremonias de los días de fiesta americanos como el 4 de julio. Y en Texas, como el periódico *San Antonio Ledger* escribía sobre una celebración de 1851: "Tenemos a muchos extranjeros entre nosotros que no saben nada sobre nuestro gobierno, que no tienen ningún sentimiento nacional en común con nosotros... Hagamos que tomen parte con nosotros en nuestras celebraciones y fiestas, y pronto compartirán nuestros sentimientos y, cuando esto suceda, serán de hecho ya ciudadanos como nosotros".

Las parroquias y otros elementos de la vida católica no fueron inmunes al cambio durante esta turbulenta transición. Se establecieron diócesis en Galveston (1847), Santa Fe (1853), San Francisco (1853), Denver (1887) y Tucson (1897). El clero europeo así como las religiosas y religiosos hicieron apostolado en muchas zonas del Suroeste, pero las diferencias de cultura y práctica religiosa llevaron a los líderes católicos recién llegados a criticar a sus hermanos en la fe mexicanos. El primer obispo residente de Los Ángeles, Thaddeus Amat, CM, supervisó un sínodo en 1862 que prohibió expresiones de fe mexicanas como "los pastores", una tradición cuyo tema central son los pastores que adoraron al Niño Jesús recién nacido. Se exigió con mayor rigor la fidelidad al Papa y la estandarización de los rituales y devoción católicos. Se ordenaba a los sacerdotes "evitar cuidadosamente la introducción de prácticas o ritos ajenos a la [tradición] romana". Las muestras festivas de devoción durante las procesiones, los saludos con salvas de cañón y las fiestas que acompañaban a las celebraciones religiosas fueron prohibidas.

En diciembre de 1848, el obispo John Hughes de Nueva York, escribió a José de la Guerra y Noriega pidiendo información sobre la situación de California. Necesitaba esa información para presentarla en el Consejo Provincial de Baltimore. Hughes afirmaba que todos los clérigos mexicanos habían abandonado California, dejando a los católicos "privados de toda ayuda espiritual". En su respuesta, de la Guerra informó que había aún dieciséis sacerdotes en California e insistió "por el respeto debido a los sacerdotes mexicanos, que la información dada a Su Ilustre Señoría acerca de su conducta en estos últimos años no se corresponde con los hechos".

Algunos protestantes condenaron el Catolicismo mexicano. Su ataque más famoso fue el dirigido contra los Hermanos de Nuestro Padre Jesús Nazareno o Penitentes, al norte de Nuevo México y al sur de Colorado. La gente del lugar consideró a los observadores de sus ritos que venían de fuera "cazadores de penitentes", a causa de su presencia intrusiva y los informes sensacionalistas que enviaban acerca de las prácticas religiosas de las hermandades. Los líderes protestantes también atribuyeron la expansión americana al favor de la Divina Providencia. El Catolicismo hispano era inferior y el Protestantismo era una fuerza que podía conquistar todas las Américas. Un ministro escribió que la anexión angloamericana de Texas fue "una señal de la Providencia en relación con la propagación de la divina verdad en otras partes de los dominios mexicanos... Guatemala y todo Sudamérica" así como "el inicio de la caída del Anticristo y la propagación del poder salvador del Evangelio". Esta presunta superioridad de la civilización y cristiandad de Estados Unidos ha sido la justificación más fuerte del expansionismo americano.

Los residentes mexicanos emplearon diversas estrategias para adaptarse al nuevo régimen de la postguerra. Donde los mexicanos de origen étnico eran mayoría, los angloamericanos consolidaron su control a través de lo que el especialista en estudios étnicos David Montejano ha llamado "estructura de paz" que permitió a "los vencedores mantener la ley y el orden sin el uso constante de la fuerza". Esto incluyó un arreglo entre los angloamericanos recién llegados y las élites de las comunidades mexicanas, lo cual no alteró las estructuras tradicionales de autoridad, sino que simplemente colocó a los angloamericanos en la cumbre de la jerarquía ya existente. Con frecuencia los matrimonios entre varones angloamericanos e hijas de la élite mexicana tuvieron cierta influencia. Estos matrimonios ofrecían a los angloamericanos las ventajas de la tierra, heredar riqueza y estatus social, mientras ellos se ofrecían a los residentes mexicanos como aliados para proteger sus intereses familiares y la posesión de la tierra dentro de las nuevas estructuras políticas y económicas.

Algunos residentes de los antiguos territorios mexicanos sobrevivieron a los efectos de la anexión americana a través del aislamiento. En lugares como el norte de Nuevo México, la autonomía fue posible a causa de la distancia física con las instituciones e influencia americanas. Las comunidades hispanas aprovecharon la oportunidad para tener una continuidad cultural, pero incluso los asentamientos más aislados no se libraron completamente de la influencia angloamericana. En los pueblos y áreas urbanas que se expandieron con la llegada de los ferrocarriles en las décadas de 1870 y 1880, aparecieron barrios mexicanos como consecuencia de una forzada segregación, así como por un deseo de estar separados de la sociedad angloamericana. El barrio creaba un sentido de existencia dividida entre la familiaridad de la casa y vecindario mexicano, y la alienación del mundo angloamericano donde los residentes del barrio a menudo trabajaban o iban a la escuela. El espacio geográfico propio daba a la gente un fuerte respaldo para sobrevivir como grupo, preservar la propia cultura y cultivar un orgullo étnico que les permitía sostenerse a pesar de los cambios sociales que sucedían a su alrededor.

La resistencia de los mexicanos a la autoridad americana fue vista también durante la guerra entre México y Estados Unidos, cuando algunos ofrecieron resistencia militar, como la gente de California que derrotó a las fuerzas americanas en batallas trabadas en la zona de Los Ángeles. Después de la Guerra Civil, líderes de guerrilla como Tiburcio Vásquez en California y Juan Cortina en Texas lideraron movimientos de venganza protestando contra la violencia e injusticia que su pueblo sufría a manos de los angloamericanos. Los residentes mexicanos defendieron sus derechos también en el terreno político, como en la Convención Constitucional de Texas, de 1845, cuando el delegado José Antonio Navarro impidió que se aprobara una ley que daba derecho de voto solo a los residentes angloamericanos.

Los conflictos entre mexicanos y líderes católicos algunas veces llegaron a polémicas públicas, como en el triste conflicto entre el P. Antonio José Martínez y el misionero francés Jean Baptiste Lamy, primer obispo de Santa Fe. En 1875, el obispo Dominic Manucy, de Brownsville, rechazó una petición para que religiosas mexicanas residieran en la zona y atendieran a los católicos descendientes de mexicanos. Los católicos del lugar que hablaban español y que se habían ofrecido a sostenerlas, se molestaron muchísimo. El día en que las religiosas debían tomar el tren para partir, una turba airada quitó el tren de las vías y no permitió a las autoridades volver a ponerlo.

Aun así, varios clérigos extranjeros y varios religiosos fueron muy amados por los católicos mexicanos a los que atendieron. El Obispo Jean Marie Odin hablaba español en sus visitas pastorales e insistía a otros sacerdotes que llegaban a Texas para que hicieran lo mismo. Participó en las fiestas religiosas de los mexicanos y habló con entusiasmo del fervor religioso demostrado por estos. El primer arzobispo de San Francisco, Joseph Alemany, OP, tuvo una relación similar con los católicos de habla hispana. Las religiosas dirigieron iniciativas católicas en lugares como Los Ángeles, a donde las Hermanas de la Caridad de San Vicente de Paúl llegaron en 1856 para establecer una escuela y un orfanato, expandiendo rápidamente su ministerio para hacer frente a necesidades como atención médica, ayuda ante desastres, catequesis y búsqueda de empleo para mujeres. Algunas mujeres de México y España, así como mujeres hispanas del lugar ingresaron a la orden después de haber sido educadas por las mismas religiosas. En Colorado, Nuevo México y en el distrito de El Paso, jesuitas italianos en el exilio atendieron varias parroquias y dado que visitaban periódicamente diversas misiones, fundaron una universidad en Nuevo México y crearon *La Revista Católica*, el primer periódico católico en español en Estados Unidos.

Las comunidades locales conservaron su herencia católica y mexicana en la vida pública a través de rituales y devociones. Desde Texas hasta California las comunidades siguieron celebrando tradiciones como peregrinaciones, "los pastores", Semana Santa, Corpus Christi y días de fiesta, como el de Nuestra Señora de Guadalupe. La presencia continua de las tradiciones religiosas es llamativa a la luz de los intentos de algunos líderes tanto católicos como protestantes por suprimirlas. Estas tradiciones fueron un medio para expresar sentimientos comunes en público, afirmarse, confesar la fe y resistir a los recién llegados que querían suprimir la herencia de los residentes de ascendencia mexicana. El grupo de laicos más conocido que fungió como protector de las tradiciones locales fue el ya antes mencionado de los "Penitentes", el cual se encontraba al norte de Nuevo México y al sur de Colorado. Las hermandades de los Penitentes se convirtieron en líderes de pueblos y villas bastante antes de que Estados Unidos anexara esos territorios. Su función más notoria era conmemorar la pasión y muerte de Cristo, si bien también ejercían liderazgo en la comunidad y promovían la integración social. En muchas zonas urbanas, hubo laicos mexicanos, hombres y mujeres, que siguieron organizando los tradicionales días de fiesta y expresiones de fe en las parroquias católicas.

Cabe notar que las mujeres jugaron papeles importantes de liderazgo en el culto público y en la devoción, tales como ser madrinas para la solemne bendición de una nueva imagen o acudiendo a las procesiones en los días de fiesta marianos. Aunque los Penitentes, varones, ejercían un liderazgo para el culto en las comunidades, las mujeres jugaron un papel vital en la preservación de las tradiciones, como la procesión anual para la fiesta de san Juan Bautista. El liderazgo de mujeres descendientes de mexicanos demuestra lo que la socióloga Ana María Díaz-Stevens considera el "alma matriarcal" del Catolicismo latino, es decir, el ejercicio autónomo de autoridad por parte de las mujeres en las devociones comunitarias a pesar de las limitaciones patriarcales del Catolicismo institucional y de las sociedades latinoamericanas.

Por supuesto, algunas comunidades en el Suroeste tuvieron dificultades para lograr su misma sobrevivencia con la observancia de tradiciones a menudo reducidas o suspendidas. Sin embargo, como notó en 1902 el Obispo de Tucson, Henry Granjon, durante su primera visita pastoral a Las Cruces, Nuevo México, muchos católicos descendientes de mexicanos seguían practicando sus costumbres y tradiciones décadas después de la anexión americana. De acuerdo con el Obispo Granjon, estas tradiciones sirvieron para "mantener la unidad de la población mexicana y permitirle resistir, hasta cierto punto, las invasiones de la raza anglosajona". Oleadas de religiosas recién llegadas y clérigos como Granjon incrementaron ampliamente en la región la presencia institucional de la Iglesia Católica y las estructuras que la sostienen, aumentando así las iniciativas entre los católicos mexicanos que les permitieron adaptarse y continuar con sus tradicionales expresiones de fe, defender su sentido de dignidad, responder colectivamente a los efectos de la conquista y expresar su propia legitimidad étnica.

Nuevos inmigrantes

Los hispanos fueron una pequeña parte de la inmigración del siglo XIX que dio impulso al proceso de americanización del siglo XX, con sus números permaneciendo relativamente bajos hasta cerca de 1880. Después de la Guerra Civil de Estados Unidos en 1865, la minería, la agricultura y la construcción del ferrocarril de Texas a California, y los tramos que conectaban con México, vincularon a las regiones económicamente, creando flujos de inmigración hacia el Norte, el cual absorbía la mano de obra mexicana. El interés de Estados Unidos en productos del Caribe como azúcar y tabaco impulsaron el traslado de puertorriqueños y cubanos al país. Luchas intermitentes por la independencia, tanto en Puerto Rico como en Cuba, llevaron a algunos activistas políticos al exilio en Estados Unidos. Mientras muchos políticos exiliados se mostraban escépticos, cuando no contrarios, hacia la Iglesia Católica y a sus líderes, los cuales en su tierra natal eran sobre todo españoles o de otro origen, pero que habían apoyado al poder español, los nuevos inmigrantes del Caribe vinieron a incrementar la diversidad de los católicos hispanos en Estados Unidos.

Al igual que los inmigrantes católicos de Europa, muchos inmigrantes hispanos abogaron por contar con parroquias nacionales o étnicas para conservar su lengua, sus tradiciones culturales, su identidad de grupo y su fe católica. En una fecha tan temprana como 1871, los católicos de San Francisco propusieron una parroquia nacional para atender a la población de habla hispana; aunque la mayor parte era de ascendencia mexicana, los representantes de los consulados de Nicaragua, Costa Rica, Colombia, Perú, Bolivia, Chile y España estaban entre los líderes que apoyaron este esfuerzo, dando lugar a la primera iniciativa panhispánica en Estados Unidos. Cuatro años más tarde, el arzobispo de San Francisco, Joseph Alemany, estableció la parroquia nacional de Nuestra Señora de Guadalupe. En 1879, los laicos católicos de origen cubano trabajaron con los oficiales de la Iglesia para establecer una capilla en Key West, Florida. La capilla estaba dedicada a Nuestra Señora de la Caridad del Cobre, el icono Mariano más importante del Catolicismo cubano y su más importante tradición devocional.

Al disminuir la inmigración europea y crecer su integración con la vida americana en el siglo XX, la inmigración hispana se aceleró. La inmigración masiva de mexicanos comenzó después de que estallara la Revolución Mexicana en 1910, haciendo crecer las comunidades étnicas de mexicanos en el Suroeste y estableciendo nuevas poblaciones. Aunque una relativa calma siguió a la Constitución de 1917, la violencia irrumpió en México cuando el presidente Plutarco Elías Calles (1924-1928) exigió el cumplimiento de los artículos anticlericales de esa misma Constitución. La guerra de guerrillas que resultó de ello, la rebelión Cristera (1926-1929), llevó más emigrantes al norte, muchos escapando de la persecución religiosa. Durante la Gran Depresión, la migración mexicana hizo todo menos disminuir y una ola de fiebre nacionalista en Estados Unidos llevó a la repatriación de numerosos mexicanos y a la deportación ilegal de ciudadanos mexicoamericanos nacidos en Estados Unidos. Pero el flujo de inmigrantes hacia el norte reinició con la aparición de oportunidades de trabajo durante la Segunda Guerra Mundial. El nada famoso "Programa Bracero", o trabajador temporal (1942-1964) llevó a cerca de cinco millones de mexicanos al Norte. Inmigrantes indocumentados también cruzaron hacia Estados Unidos; muchos se quedaron permanentemente. Una vez que el Programa Bracero terminó, la inmigración se incrementó dramáticamente, una tendencia que continúa hasta nuestros días. Los mexicanos ahora comprenden cerca de dos terceras partes de los más de 50 millones de latinos que hay en el país.

El caso de Puerto Rico ilustra la dinámica económica que guía a los emigrantes del Caribe y de Latinoamérica hacia el norte. Después de la ocupación americana en 1898, una vez terminada la guerra entre España y Estados Unidos, la economía de la isla se redujo a la actividad agrícola; la producción de azúcar creció a 900,000 toneladas por año para 1930. Como los propietarios usaban sus posesiones con el único fin de favorecer la productividad y el crecimiento económico, los campesinos puertorriqueños fueron desplazados. Esto provocó que dejaran su casa en cantidades cada vez mayores, buscando un modo de vida más estable. El número de puertorriqueños que vivían en el continente se incrementó de 1513 en 1910 a cerca de 53,000 en 1930. Las presiones de migración se hicieron todavía más fuertes después de la Segunda Guerra Mundial, cuando los legisladores introdujeron incentivos para crear una amplia base manufacturera, la así llamada "Operación Manos a la Obra". Las primeras oleadas de inmigrantes puertorriqueños que llegaron después de la Segunda Guerra Mundial desembarcaron en la ciudad de Nueva York, donde más del ochenta por ciento vivía en 1950. Actualmente el diez por ciento de la población latina de Estados Unidos que está en el continente, es puertorriqueña.

Miles de cubanos dejaron su tierra después de que Fidel Castro llegara al poder en 1959. La radicalización de la revolución de Castro llevó a confrontaciones entre su gobierno y los líderes de la Iglesia Católica. En noviembre de 1959, el Congreso Nacional Católico reunió a un millón de simpatizantes en la Plaza Cívica de la Habana –o Plaza de la Revolución– para confirmar su adhesión a la fe católica y protestar contra el derrotero político que estaba tomando el país. Al año siguiente, los obispos católicos de Cuba y los líderes laicos reconocieron la necesidad de reformas para dar mayor bienestar a los pobres, pero hicieron un llamado para que los derechos humanos fueran respetados, expresando su preocupación por las relaciones cada vez más estrechas del gobierno con las naciones del bloque comunista. Miles de católicos abandonaron la isla, algunos uniéndose a grupos contrarrevolucionarios en el exilio, como los que condujeron a la fallida invasión de Bahía de Cochinos en 1961. Para 1963, 200,000 cubanos habían llegado a Estados Unidos, incluyendo un influyente grupo de laicos católicos. La mayor parte se estableció en la zona de Miami, pero el programa para los refugiados cubanos dirigido por el gobierno federal colocó a otros en diversos lugares a lo largo del país. Muchos de estos primeros exiliados eran gente educada, con estudios profesionales y católica, pero en las décadas siguientes, como la postura de Castro cambiaba entre una política de inmigración más restrictiva y otra más abierta, los que abandonaban la isla abarcaban un espectro cada vez más amplio de la sociedad cubana. Más de un millón de cubanos han llegado a Estados Unidos desde la Revolución Cubana.

Todos los países del Continente Americano estaban representados en los flujos de inmigración hacia Estados Unidos para 1990, haciendo de la población latina de Estados Unidos más variada que nunca. Las guerras civiles de 1970 y 1980 en Centroamérica, especialmente en El Salvador, Guatemala y Nicaragua, fueron el catalizador para que hubiera más refugiados provenientes de esa región. La presencia de dominicanos en Estados Unidos no fue mucha hasta los últimos años del dictador el Gral. Rafael Leónidas Trujillo. Después de su asesinato, en 1961, el flujo de inmigrantes se aceleró, con la mayor parte de ellos estableciéndose en Nueva York. Para 1990, los dominicanos en Nueva York eran 700,000. Aunque los sudamericanos comprenden una pequeña minoría entre los hispanos de Estados Unidos, en las últimas décadas sus números se han incrementado con colombianos, peruanos y ecuatorianos al frente, pero también con argentinos, chilenos y brasileños y habitantes de otras naciones. Muchos de estos inmigrantes tienen mejores ingresos y un mayor nivel de educación, y se encuentran sobre todo en el clero y entre los líderes laicos de las diócesis y parroquias, ejerciendo una influencia que va más allá de los simples números.

La profunda y amplia diversidad de experiencias que poseen los inmigrantes provenientes del Caribe, de México, y de Centro y Sudamérica, impiden hacer generalizaciones. Desde el punto de vista histórico, el número disponible de clero es el principal factor que influye en el impacto de los católicos; en algunos casos, un número suficiente de sacerdotes ejerce una importante influencia, pero no tanta como para hacer frente a las necesidades de la amplia y dispersa población católica. Las expresiones de fe son ampliamente practicadas en un Catolicismo que valora los encuentros directos y sacramentales con Dios, con María y con los santos en la vida cotidiana. Cada país en Latinoamérica tiene al menos un santuario dedicado a una advocación de la Virgen María. Aun así, la forma de vivir la fe en cada lugar varía entre los que adoptan el Catolicismo como una herencia de tradiciones devocionales, un medio para luchar por la justicia o como una institución con doctrinas y enseñanzas bien definidas. Muchos latinoamericanos creen que el Catolicismo conlleva cierta combinación de todo ello, aunque un número sustancial se involucra con él solo de nombre o simplemente no lo hace. El Protestantismo, especialmente en sus formas Pentecostal y Evangélica, se ha extendido a lo largo del Continente. México sigue siendo una de las naciones más incondicionalmente católicas, mientras que Puerto Rico está entre las más protestantes. Tales legados históricos y religiosos condicionan la percepción de cualquier inmigrante latino que pasa sus años de formación —entre diez a veinte—, en su país de origen antes de llegar a Estados Unidos.

Los ministros católicos para hispanos recién llegados se incrementaron con la creciente ola de inmigración. Sacerdotes, religiosas y líderes laicos inmigrantes atendían a sus compatriotas, como sucedía durante la Revolución Mexicana, la Guerra Cristera y sus respectivos tiempos de posguerra. En esos momentos, los católicos mexicanos colaboraron con los oficiales de la Iglesia en Estados Unidos para establecer nuevas parroquias en Los Ángeles, Houston, Dallas, Kansas City, Milwaukee, Saint Paul y Toledo. Los católicos de Estados Unidos se empeñaron en atender a todos los recién llegados, como los esfuerzos apostólicos de las laicas Mary Julia Workman en el ministerio de la vivienda para inmigrantes en Los Ángeles y Verónica Miriam Spellmire que creó la Cofradía de la Doctrina Cristiana en San Antonio, Texas, así como la respuesta de la arquidiócesis de Nueva York a la inmigración puertorriqueña con el Card. Francis

Spellman. Los hispanos nacidos en Estados Unidos se entregaron a un dedicado servicio eclesial a sus propias comunidades, como las Misioneras Catequistas de la Divina Providencia, la única orden religiosa de mujeres mexicoamericanas fundada en Estados Unidos, que ha ejercido su liderazgo en la evangelización y la catequesis en el Suroeste del país y más allá, superando los ochenta años.

Al igual que los inmigrantes católicos de Europa antes que ellos, los latinos recién llegados promovieron los ministerios y las estructuras de la Iglesia que atienden a las necesidades de sus compatriotas. Nada ilustra mejor dichas iniciativas que la labor de los exiliados cubanos. En la sociedad cubana la práctica de la fe era mucho más fuerte en la élite y más superficial en la clase trabajadora. No obstante, un renacimiento católico tuvo lugar durante la primera mitad del siglo XX, el cual aun estando principalmente enfocado a las clases media y alta, llevó a la construcción de escuelas, movimientos laicos e iniciativas de acción social que ayudaron a formar grupos fuertes de líderes católicos. Con Castro, todos los sacerdotes extranjeros y muchos sacerdotes cubanos fueron deportados o dejaron la isla por presiones. Proporcionalmente estos clérigos proveyeron a las comunidades en el exilio más sacerdotes propios que ningún otro grupo latino. Dado que los primeros exiliados pertenecían principalmente a las clases media y alta de Cuba, los líderes católicos laicos que habían recibido formación en la fe en Cuba, estaban bien preparados para jugar un importante papel en la organización de iniciativas educativas y pastorales una vez que llegaron a Estados Unidos.

En Miami, los cubanos promovieron escuelas católicas que atendieron sus propias necesidades. Estas escuelas ofrecían educación católica en inglés, pero promovían también el aprendizaje del español, la identidad cubana y la conciencia de estar en un exilio. Para 1962, dieciséis parroquias de la zona de Miami tenían sacerdotes que hablaban español. Un año después, una comunidad predominantemente cubana, San Juan Bosco, se estableció en el distrito de Miami llamado "Pequeña Habana". Poco después de la conclusión del Concilio Vaticano II en 1965 y la puesta en práctica de sus decretos que llevaron a la celebración de la Eucaristía en lengua vernácula, las parroquias del área de Miami tenían treinta misas en español cada semana. Cerca de 100 sacerdotes cubanos estaban trabajando en la arquidiócesis de Miami para 1975. El caso cubano muestra dos fuerzas paralelas en movimiento dentro del Catolicismo de Estados Unidos desde la Segunda Guerra Mundial. Los católicos latinos, anteriormente una amplia población de mexicanos y puertorriqueños, ahora comprenden grupos de cada nación de América Latina y el Caribe. El crecimiento de su población tuvo lugar al mismo tiempo que los católicos descendientes de europeos se convirtieron completamente en americanos. Hoy en día hay en el país más millonarios católicos y más congresistas católicos que de cualquier otra denominación. Seis de los nueve jueces de la Suprema Corte son católicos. Como Allan Figueroa Deck, SJ, anota la "segunda ola" de la inmigración católica de hispanos a Estados Unidos ha sucedido justamente cuando "los católicos de América han llegado a sentirse a gusto con su identidad ganada a pulso" y "han adquirido aceptación en un país predominantemente protestante y más bien anticatólico".

Catolicismo en América

La experiencia del exilio cubano es un ejemplo de las miles de formas en que los católicos a lo largo del Continente Americano se influyen mutuamente. Al reconocer esta realidad, la jerarquía de la Iglesia en nuestros días ha promovido vínculos que ellos creen llevarán a una fe católica más fuerte y a la evangelización del Continente. Las reuniones de obispos de Latinoamérica celebradas en Medellín, Puebla, Santo Domingo y Aparecida –al igual que el sínodo de América en 1999– han centrado su atención cada vez más en todo el Continente. En una homilía de su primer viaje a Estados Unidos, el Papa Juan Pablo II comparó la división entre las naciones más ricas y las más pobres con el hombre rico y Lázaro que aparecen en el capítulo 16 del Evangelio de Lucas. Afirmó que uno de los más grandes retos de nuestro mundo es ver que los destinos de la mitad más rica del norte y la mitad más pobre del sur del planeta están íntimamente unidos. Juan Pablo II no habló de las "Américas", en plural, sino en singular. En su exhortación apostólica *Ecclesia in America* dijo que "la opción por usar la palabra en singular quería expresar no solo la unidad ya existente bajo ciertos aspectos, sino también aquel vínculo más estrecho al que aspiran los pueblos del Continente y que la Iglesia desea favorecer, dentro del campo de su propia misión".

Quienes interpretan el pasado hacen bien en adoptar tal visión del hemisferio, mirando con ojos nuevos la historia del propio país en el contexto de un Catolicismo americano internacional y una misma realidad social. Una perspectiva que abarca a todo el continente americano favorece el esfuerzo para construir una historia del pasado católico de Estados Unidos, que abarca las luchas y contribuciones del P. Díaz de León, sus fieles de Nacogdoches y el obispo Odin, así como sus contemporáneos de la Costa Este y otros católicos. Teniendo ese pasado en mente, es importante notar que los miembros de la Conferencia Episcopal de los Obispos Católicos de Estados Unidos (USCCB, por sus siglas en inglés) consideran que en la actualidad más de la mitad de los católicos de Estados Unidos no son de ascendencia euroamericana. La Iglesia Católica Romana en Estados Unidos es el cuerpo eclesial de la nación con mayor diversidad étnica y racial en todo el mundo.

Los inmigrantes ejercen un influjo en sus países de procedencia, particularmente los hispanos que viven más cerca de sus países de origen. Su mayor influencia económica son las remesas que envían a casa, que en promedio ascienden a 2000 millones de dólares por mes, solo en el caso de México. Las remesas no son solamente para mantener a los miembros de la familia, también apoyan proyectos comunitarios como la celebración de días de fiesta, construcción y mantenimiento de iglesias, santuarios y escuelas. El flujo tan grande de dinero refleja el intercambio, menos evidente, cultural y religioso, como las experiencias en parroquias, grupos de oración y movimientos eclesiales de renovación de Estados Unidos que los inmigrantes llevan consigo cuando regresan a casa. Los fieles mexicanos de la parroquia de Nuestra Señora del Rosario en Coeneo, Michoacán, ilustran la capacidad de los inmigrantes para transformar una práctica religiosa al llegar a su tierra natal. Los bautizos y los matrimonios que los emigrantes celebran cuando regresan a casa han cambiado el calendario de celebraciones de la parroquia, pasando de un ciclo basado en devociones tradicionales y días festivos a otro basado en reuniones familiares que se fijan de acuerdo con las fechas en que los inmigrantes suelen regresar.

Una perspectiva continental del Catolicismo requiere prestar atención a los flujos migratorios en todas las direcciones, los cuales en la última mitad de siglo han abarcado un pequeño, pero influyente, grupo de católicos de Estados Unidos que han visitado América Latina o realizado ministerios de la Iglesia allí. A menudo sus experiencias transforman la manera en que entienden el Catolicismo, así como sus actitudes hacia la política exterior de Estados Unidos. Religiosas, sacerdotes y misioneros laicos han establecido vínculos vitales entre Estados Unidos y el resto de las Américas a través de institutos misioneros, entre los que sobresale Maryknoll. Otros vínculos con América Latina incluyen a católicos de Estados Unidos que se han involucrado en la Teología de la Liberación; protestas en forma de guerras civiles en Centroamérica durante la década de los setenta y de los ochenta; incidentes como los asesinatos en 1980 del Mons. Óscar Romero y cuatro mujeres de la Iglesia de Estados Unidos que hacían su apostolado en El Salvador; y los estudiantes, intelectuales y líderes de la Iglesia que habían visitado y establecido contactos en el Caribe, Centroamérica y Sudamérica.

Los vínculos largamente cultivados entre Latinoamérica y Norteamérica conducen ya a muchos latinos a adoptar una perspectiva más continental hacia el Catolicismo en Estados Unidos. Aunque el número de católicos hispanos en regiones que van desde Florida hasta California fue comparativamente pequeño en el momento en que esos territorios se incorporaron a Estados Unidos, el recuerdo de que los hispanos establecieron comunidades de fe en territorios españoles y mexicanos antes de que Estados Unidos se expandieran hacia ellos, condicionó el desarrollo histórico de esas comunidades cuando ellos, sus descendientes y más tarde los inmigrantes se convirtieron en parte de Estados Unidos. Sembrando la geografía del país con cientos de lugares e iglesias que llevan el nombre en español, como la catedral de San Fernando en San Antonio, la cual ha sido predominantemente una comunidad latina desde España, México, la República de Texas, Estados Unidos, los Estados Confederados de América y Estados Unidos nuevamente. Estas duraderas comunidades de fe ofrecieron una base sobre la que los mexicanos y otros latinos construyeron más tarde. Ellos fomentaron entre los nuevos inmigrantes un sentimiento de que los lugares a los que llegaban, no les eran totalmente ajenos. Como un inmigrante mexicano de San Antonio dijo después de experimentar el ambiente y el fervor de la comunidad en la catedral de San Fernando "es el único lugar en San Antonio que todavía es parte de México".

Desde inicios de 1990, la dispersión geográfica de los latinos a lo largo y ancho de Estados Unidos y la diversidad de sus contextos de proveniencia ha llevado a que diversas perspectivas de la historia de los católicos que vienen de América Latina y de aquellos de Estados Unidos estén en contacto diariamente de una forma sin precedentes. En las diócesis y parroquias donde se ha dado una significativa presencia de hispanos por primera vez –y en otras donde la presencia de hispanos lleva ya mucho tiempo–, los latinos y los otros católicos encuentran en su convivencia cotidiana, no solo costumbres y lenguas que no les son familiares, sino también diferentes perspectivas de la historia. Las profundas convergencias en la historia que subyacen a estos encuentros, aumentan la capacidad de suscitar sentimientos de confianza o desconfianza, deseo de colaboración o de aislamiento. Estas convergencias dan forma a la integración hispana con la Iglesia y la sociedad americana que serán cruciales para el siguiente capítulo de la historia del Catolicismo en Estados Unidos.

CAPÍTULO 2

Integración

En la historia del Catolicismo de Estados Unidos se han hecho muchos intentos para incorporar diversos grupos en un cuerpo unificado de fe. Un libro de 1925, escrito por Gerald Shaughnessy, titulado ¿Ha conservado su fe el inmigrante?, presenta las principales preocupaciones de los sacerdotes y obispos de aquel tiempo. ¿Estaba la Iglesia Católica perdiendo millones de fieles durante el proceso de americanización de estos? ¿Deberían los pastores favorecer la integración, como muchos obispos irlandeses decían o promover el aislamiento lingüístico y cultural para fortalecer la lealtad de los católicos emigrantes como proponían los líderes de los inmigrantes alemanes? A diferencia de los emigrantes europeos de aquella época, los inmigrantes hispanos de la actualidad no solo tienen diferencias étnicas sino también de clase y educación en comparación con los descendientes de estos dos grupos de inmigrantes. El reto de forjar una unidad entre cuerpos eclesiales tan diversos es más grande que nunca. Un punto central en este reto es la cuestión ampliamente discutida de si los latinos adoptarán o deberían adoptar la lengua y cultura de Estados Unidos.

Los obispos católicos de Estados Unidos la llamaron "asimilación" en su plan pastoral de 1987 para el ministerio hispano, como un proceso a través del cual los recién llegados "son forzados a abandonar su lengua, su cultura, sus valores y tradiciones y a adoptar una forma de vida y culto extraño a ellos para poder ser aceptados". Por el contrario, "integración" es un intento por favorecer "el enriquecimiento mutuo a través de la interacción entre todas nuestras culturas", en un ambiente de respeto recíproco por la lengua, la herencia cultural, las expresiones de fe y la participación en la vida eclesial del otro. En su declaración de 2002, *Encuentro y misión: un marco pastoral renovado para el ministerio hispano*, los obispos indican que este ministerio "debe ser visto como parte integral de la vida y misión de la Iglesia en este país. Debemos ser incansables en nuestros esfuerzos para promover y facilitar la participación plena de los católicos hispanos en la vida de la Iglesia y en su misión".

Aun así, las iniciativas para promover el ministerio hispano no han estado exentas de tensiones al tener que, por un lado, promover la unidad con católicos que poseen otra herencia cultural y, por otro, abogar por estructuras separadas para favorecer a las vibrantes comunidades de fe hispanas. Las entrevistas realizadas en 1999 a líderes diocesanos y parroquiales para un informe realizado por el Comité Episcopal de Asuntos Hispanos de los Obispos Católicos de Estados Unidos revelan diversas posturas sobre el tema de "incorporación contra asimilación". El informe menciona que "existe una tensión real entre los que proponen que el mejor modo de llevar a los hispanos a la Iglesia, es asimilándolos en el núcleo más grande del Catolicismo y de la cultura americana tan pronto como sea posible, y aquellos que sostienen que la verdadera incorporación requiere que los hispanos sean bienvenidos primero en su propio ambiente". Un grupo argumentaba que "forzar a los hispanos a asimilarse inmediatamente solo reproduce su estatus de subalternos, pero ahora dentro de la Iglesia" y abogan por ofrecerles los sacramentos y otras actividades en español, formando líderes hispanos y "una vez que la comunidad hispana católica haya ganado suficiente fuerza" incorporarlos de forma más amplia en la vida de la parroquia. Otro grupo sostenía que tal "visión gradualista" corre el "peligro de cometer los mismos errores del pasado, produciendo 'mini parroquias nacionales', excluyentes, que dividen la Iglesia".

Desde el punto de vista colectivo, sin embargo, los latinos ni asimilan rápidamente la nueva cultura ni retienen indefinidamente la lengua española y su lealtad a la cultura hispana. La actual integración de los latinos con la Iglesia y la sociedad de Estados Unidos se ha llevado a cabo simultáneamente con la llegada de otros hispanos recién llegados desde el inicio del siglo XX. Reconocer la forma en que los latinos conservan su cultura, la forma en que se adaptan al ambiente americano y el papel que el Catolicismo juega en esta dinámica es esencial para entender los esfuerzos del ministerio hispano que busca articular y proponer una visión de la integración enraizada en la fe y enseñanza católicas.

La dinámica de la parroquia nacional

Un punto importante que se presentó a discusión, dado que los hispanos siguieron llegando a lo largo del siglo pasado, fue si convenía o no establecer parroquias nacionales para estos nuevos católicos latinos. Había ya un precedente. Tales parroquias habían existido ya para otros grupos de inmigrantes. De cualquier forma, poco después de convertirse en arzobispo de Nueva York, en 1939, el Cardenal Francis Spellman cambió la costumbre de establecer parroquias nacionales que habían dado forma al Catolicismo de Nueva York por casi cien años. Aun así, la práctica de establecer parroquias católicas para los recién llegados no se perdió entre los inmigrantes puertorriqueños, cuyo número se incrementó considerablemente en Nueva York después de la Segunda Guerra Mundial. Encarnación Padilla de Armas organizó a un grupo de mujeres puertorriqueñas para preparar un informe, en 1951, para la arquidiócesis. En él se mencionaba el proselitismo de los protestantes entre los católicos puertorriqueños y la ausencia de sacerdotes provenientes de la isla. Afirmaba que "los puertorriqueños deben ser recibidos como fieles normales" en las parroquias ya existentes y se debe enseñar a las comunidades ya establecidas "su obligación de recibir a estas personas como hermanos en Cristo".

La respuesta puertorriqueña a la desaparición de las parroquias nacionales por disposición del obispo fue reemplazarlas con estructuras que satisficieran su deseo de contar con el sentido de pertenencia y propiedad que las parroquias nacionales les daban. El informe ayudó a entender esta "dinámica de parroquias nacionales", lo cual es un desarrollo en el ministerio hispano. Los latinos buscaron crear estructuras de vida católica que les permitieran pasar, en el mejor de los casos, de sentirse acogidos en la iglesia de otros, al de llegar a casa en una iglesia de ellos mismos.

De esta forma los católicos puertorriqueños encontraron otros caminos para reunirse. En la década de los cincuentas, la fiesta del patrón de Puerto Rico, san Juan Bautista, se celebró con una Misa organizada por la arquidiócesis, una procesión y diversos festejos que incluían eventos culturales y cívicos. El encargado arquidiocesano del ministerio hispano, el P. Robert Stern, comentó que esto "ofreció una oportunidad para mostrar en público los valores culturales y religiosos de la comunidad puertorriqueña". El movimiento renovador Cursillos de Cristiandad llegó a la arquidiócesis de Nueva York en 1960. Esos fines de semana eran populares y transformantes entre los puertorriqueños y otros latinos –de acuerdo con Stern–, porque "ofrecían una base y una comunidad al inmigrante hispano de forma individual, el cual de otra forma se sumergía en la cultura dominante no hispana de Nueva York, corriendo el riesgo de perder su identidad hispana y católica".

Sin embargo, los líderes hispanos sostienen que con la ausencia de parroquias nacionales, la Iglesia pierde "la benevolencia y fidelidad que las parroquias nacionales fomentaban en los primeros grupos étnicos" y que "la falta de parroquias hispanas establecidas como tales con verdaderos pastores identificados con su gente, es posiblemente la única y más grande razón de nuestro poco éxito para llegar a los hispanos". Conscientes de ello, muchos obispos, clérigos y líderes laicos promueven actualmente las parroquias nacionales como un medio para fortalecer la fe y la fidelidad de los católicos. Las iniciativas del ministerio hispano tienen más fruto entre los inmigrantes que responden con entusiasmo a la dinámica de las parroquias nacionales. Cuando los latinos entran en contacto con sus ritos y devociones tradicionales, cuando ven sus necesidades materiales y espirituales reconocidas, cuando existe un uso preferencial del español y una profunda sintonía con los párrocos porque se muestran solidarios con ellos, entonces fácilmente se integran con comunidades de fe activas.

Del mismo modo, varias parroquias actualmente son de hecho

parroquias nacionales, porque atienden a comunidades prácticamente hispanas. La tendencia hacia tales comunidades de fe es evidente entre todos los grupos de latinos. Considérese, por ejemplo, la parroquia predominantemente puertorriqueña de la Santa Agonía, en Nueva York; la comunidad formada en su mayoría por mexicanos de la iglesia de San Pío V en el barrio de Pilsen, en Chicago; las comunidades multiétnicas de inmigrantes latinos de la Misión Católica de Nuestra Señora de las Américas, a las afueras de Atlanta; y la de Nuestra Señora de los Ángeles en Los Ángeles (La Placita). Estas comunidades ofrecen servicios sociales, sacramentos, clases de inglés, devociones tradicionales, educación religiosa, ayuda legal, clases para padres de familia y grupos de oración. El P. Ezequiel Sánchez, de Chicago, anteriormente director del ministerio hispano en la Arquidiócesis, comentó acerca de una parroquia: "mucha gente no ofrece una buena acogida a los hispanos y, por consiguiente, la Misión Juan Diego termina siendo una isla donde se refugian. Es como su territorio".

Una dinámica similar se da a menudo cuando los latinos son parte de parroquias más multiculturales que étnicas: organizan la celebración de los días de fiesta hispanos, sus prácticas devocionales, movimientos de renovación y organizaciones parroquiales. Todos estos esfuerzos reflejan el deseo de los latinos de permanecer en su propio terreno dentro del Catolicismo de Estados Unidos.

El estudio de 2007 del *Pew Latino Religion Survey* sobre la religión de los hispanos confirma la influencia actual de las parroquias nacionales. El setenta por ciento de los católicos latinos dijo que su comunidad tiene celebraciones en español, al menos un sacerdote hispano y que la asamblea de la Misa a la que ellos asisten está compuesta predominantemente por latinos. Haber nacido fuera de Estados Unidos y vivir en una zona densamente poblada por latinos aumentan estos porcentajes, pero esa no es la única causa por la que los latinos acuden a parroquias hispanas; el cincuenta y siete por ciento de las personas que respondieron que vivían en una zona donde la población es menos del quince por ciento latina, respondió que va a iglesias con asambleas predominantemente latinas. Otros factores contribuyen a la vitalidad de las parroquias nacionales. El contacto con sus países de origen es más frecuente del que tuvieron otros grupos europeos debido a la proximidad. En el Suroeste, México puede estar a solo varios cientos de yardas. Los puertorriqueños son "ciudadanos inmigrantes", que por su nacimiento pueden viajar libremente entre Puerto Rico y Estados Unidos. Los intelectuales latinos del continente americano hablan a menudo de una inmigración trasnacional, subrayando el contacto frecuente, así como el ir y venir de las familias cruzando fronteras internacionales. Tal contacto ininterrumpido está en el corazón de las parroquias nacionales: una comunidad de fe que sintoniza con el propio sentido de identidad y pertenencia.

Los inmigrantes hispanos son cerca de la mitad de los inmigrantes recién llegados a Estados Unidos y comportan la más grande proporción de inmigrantes que habla una lengua distinta del inglés en la historia de esta nación. El tamaño de este grupo lingüístico extiende el uso del español y las costumbres culturales asociadas. También neutraliza el proceso de asimilación al promover el surgimiento de guetos étnicos. Actualmente los latinos encuentran más respaldo doctrinal para su diversidad, incluyendo el documento *Ad Gentes* del Concilio Vaticano II (Decreto sobre la actividad misionera de la Iglesia), la carta pastoral de los obispos católicos de Estados Unidos publicada en 1983 sobre el ministerio hispano y el Plan Pastoral Nacional para el Ministerio Hispano de 1987. Los obispos promovieron "el pluralismo y no asimilación o la uniformidad", como "el principio que guíe la vida de las comunidades, tanto eclesiales como seculares". Los latinos de nuestros días encuentran en las enseñanzas del Magisterio respaldo para su diversidad en el seno de la sociedad americana, lo que les permite consolidar sus esfuerzos por conservar sus tradiciones culturales y de fe.

Otro factor que conduce a la solidaridad es su experiencia de haber sido discriminados. El informe nacional de 2006 sobre los latinos reveló que cerca de la mitad de los latinos nacidos en Estados Unidos mencionan haber sido tratados injustamente en el trabajo, por la policía, en su búsqueda de vivienda, o en tiendas y restaurantes.

El haber sido víctimas de prejuicios los lleva a unirse para apoyarse mutuamente y para, todos juntos, resistirse a su incorporación en una sociedad percibida como hostil.

Finalmente, más hispanos recién emigrados encuentran que la Iglesia Católica en Estados Unidos, en palabras de Joseph Fitzpatrick, SJ, es "actualmente una institución de clase media". Un estudio de 2008 reveló que el sesenta por ciento de los "católicos blancos" gana al año al menos $50,000 dólares, con cerca de la mitad de ese número ganando más de $100,000; mientras que el cincuenta y cinco por ciento de los católicos hispanos gana menos de $30,000. Las diferencias de clase social entre los latinos y los descendientes de inmigrantes europeos que ocupan más puestos de liderazgo en parroquias y diócesis, inhiben aún más a los latinos de clase trabajadora para desarrollar lo que el P. Fitzpatrick llama "la conciencia de que esta es la Iglesia de ellos", algo aparte de las parroquias nacionales.

La historia del Catolicismo en Estados Unidos demuestra que muchos recién llegados no aceptan la integración rápidamente, pero cuando se les da la libertad para ello, se integran por decisión propia. La clave está en pasar de la integración obligatoria a la voluntaria; del "grupo anfitrión" que controla la vida de la parroquia a un sentido de pertenencia; de recibir la hospitalidad en la parroquia de los otros a sentirse en casa en la propia iglesia. Como los obispos de Estados Unidos dicen en su Plan Pastoral Nacional para el Ministerio Hispano, para que una evangelización de los hispanos dé frutos, se requiere que pasen de *estar en un lugar* a *sentirse en un hogar* dentro del Catolicismo de Estados Unidos, tomando en cuenta que "la gran mayoría de nuestra gente hispana se siente distante o marginada de la Iglesia Católica". La Casa de Dios no es santa solo porque todos son bienvenidos, sino porque todos pertenecen a ella como miembros de pleno derecho. Las parroquias nacionales de latinos son otro paso de un largo camino para formar comunidades católicas en una iglesia y sociedad plurales.

Fuerzas de integración

No obstante, la asimilación sí se da. Si bien la conciencia étnica permanece fuerte entre muchos hispanos, sus esperanzas de tener un futuro mejor los motiva a buscar oportunidades de educación y económicas en Estados Unidos. Las encuestas del grupo hispano más grande, el de los mexicoamericanos, omiten en sus informes números significativos. Esto se debe a que, en dichas encuestas, el mismo entrevistado escribe las respuestas y, especialmente aquellos mexicoamericanos que han tenido más éxito, no se reportan como tales, pues no se ven a sí mismos como poseedores de una herencia mexicana. Cerca del treinta por ciento de los descendientes de inmigrantes mexicanos de la tercera generación –y de las siguientes– no identificaron a sus antepasados cuando respondieron a la Encuesta de Población Actual (*Current Population Survey*). Aquellos que se casan con no latinos es mucho más probable que tengan mayores niveles de ingreso y de educación, y se identifican menos a sí mismos como mexicoamericanos. Como los economistas Brian Duncan y Stephen Trejo explican: "algunos de los descendientes de inmigrantes mexicanos más exitosos se asimilan tanto a la cultura americana que desaparecen de la observación empírica".

Los sociólogos Richard Alba y Victor Nee también sostienen que las diferencias entre los grupos de inmigrantes europeos de antes y los grupos de inmigrantes de hoy, en cuanto a su capacidad para conservar su lenguaje y cultura, son exageradas. Del mismo modo, la influencia del trasnacionalismo, esto es, la posibilidad de visitar frecuentemente el país de origen, es a menudo ambigua, pues el contacto con el lugar de origen ciertamente puede nutrir vínculos de afecto, pero también recordar las razones por las que se emigró. Uno no puede asumir que las circunstancias históricas de los emigrantes de nuestros días apuntan a una retención permanente de su lenguaje y cultura; la asimilación contemporánea sigue dependiendo de la adquisición de la lengua y de la cultura, del éxito socioeconómico, de la dispersión geográfica y de las relaciones sociales. Los sociólogos concluyen "no parece que la asimilación vaya a tener la misma importancia para los descendientes de los inmigrantes de nuestros días [como para los inmigrantes de antes], pero ello será una fuerza de mayores consecuencias".

Al adaptarse a la vida en Estados Unidos, muchos hispanos pierden el contacto con la tierra de sus antepasados así como el dominio del español. De hecho, la mayoría de los latinos que viven en Estados Unidos –cerca del setenta por ciento– no son inmigrantes. Un estudio de 2003 reveló que el sesenta por ciento de los hispanos mayores de cincuenta y cinco años son inmigrantes, contra solo el trece por ciento de los que son menores de veinte años. El estudio mostró el impacto lingüístico de haber nacido y vivido en Estados Unidos: entre los católicos latinos que están en edad de preparatoria, el quince por ciento habla solo español, el sesenta es bilingüe, y el treinta y cinco por ciento habla inglés y poco o nada de español. Aunque más de la mitad de los latinos adultos habla única o primariamente español en casa, dos tercios de los adolescentes latinos hablan exclusiva o primariamente en inglés con sus amigos. La Encuesta Nacional sobre los Latinos de 2006 mostró que la mitad de los inmigrantes latinos tiene contacto con su familia y amigos del país de origen por lo menos una vez a la semana, pero en la tercera generación la mitad nunca tiene ese tipo de contactos. Estos datos y los reclamos de líderes latinos para que haya más iniciativas que permitan atender a los jóvenes latinos nacidos en Estados Unidos, muestran que un análisis del Catolicismo latino que enfatiza únicamente la solidaridad étnica y la solidaridad entre los inmigrantes es tristemente inadecuado.

Históricamente, incluso cuando la dinámica de las parroquias nacionales emergió, muchos hispanos se adaptaron a su nuevo entorno en Estados Unidos. Los líderes hispanos, como la inmigrante puertorriqueña Sylvia María Quiñones Martínez, han visto esto como un obstáculo para la práctica de su Catolicismo. En su discurso pronunciado en 1955, en el Congreso Nacional de *Catholic Charities*, habló de los aspectos positivos de la cultura puertorriqueña, pero anotó que después de la inmigración "en sus intentos por ser aceptados y considerados como iguales, los puertorriqueños tienden a imitar a la gente de Estados Unidos y a descartar su forma habitual de vivir".

Dijo que los jóvenes eran especialmente susceptibles y le causaba tristeza constatar que entre muchos inmigrantes "es considerado como algo anticuado cubrir las paredes con cuadros religiosos, haciendo que la práctica de la religión se convierta en algo serio y formal". Y concluyó: "al descartar las costumbres y tradiciones observadas durante mucho tiempo y adoptar un estilo de vida totalmente nuevo, los puertorriqueños están privando a otros de algo que es sencillo y bello, que podría contribuir en gran manera a la vida católica aquí".

Actualmente un número creciente de latinos participa en parroquias en las que domina el idioma inglés. Ahí están en contacto con la forma de vivir de Estados Unidos y la adoptan cada vez más, mientras la práctica de sus tradiciones hispanas disminuye. Un estudio sobre los latinos y la nueva Iglesia de inmigrantes estuvo analizando a jóvenes egresados de la Universidad de Puerto Rico que fueron contratados para trabajar en los suburbios de Chicago, notando cómo estos jóvenes profesionistas pueden "entrar con naturalidad en las parroquias locales que hablan inglés para las celebraciones normales". Otro estudio centrado en "hispanos católicos asimilados" de habla inglesa –los niveles de educación y de sueldo de esta muestra estaban a la par de la muestra formada por no hispanos– mostró que este grupo está "relativamente bien integrado con la vida de la parroquia" y que "no difiere significativamente de los católicos no hispanos" en la mayor parte de los indicadores sobre el comportamiento religioso, creencias principales, compromiso con la Iglesia, identidad católica y actitudes hacia su parroquia. Algunos hispanos incluso buscan intencionalmente parroquias que faciliten su integración.

Por supuesto, muchos factores importantes hacen que los inmigrantes y sus descendientes quieran adoptar la forma de vida de Estados Unidos. Los que tienen un mayor contacto con los no hispanos, frecuentemente se adaptan más rápidamente a las costumbres americanas. El noviazgo y el contraer matrimonio con no hispanos intensifica esto. Estadísticamente, la mayor parte de los niños que tienen un solo padre o madre hispano, todavía se identifican a sí mismos como latinos. Pero, dado que los estudiosos sostienen que la tendencia de matrimonios interculturales es un claro indicador de la asimilación, es interesante notar que el Censo Nacional Latino encontró que el matrimonio con no latinos se incrementó cuatro veces pasando del trece por ciento en la primera generación a cerca del cincuenta por ciento en la cuarta. El deseo de los padres o de los mismos hijos es también un factor que motiva a adaptarse rápidamente a Estados Unidos. La inmigración a una edad joven –o el nacimiento en Estados Unidos– incrementa aún más la posibilidad de una rápida adopción del idioma inglés y del estilo de vida americano. Un mayor nivel de educación formal y una mayor distancia de casa tienden a fortalecer la capacidad de adaptación. El influjo del regionalismo se ha hecho cada vez más grande en las últimas décadas, pues la dispersión de los latinos en Estados Unidos significa que cada vez son más los que viven en zonas donde son minoría y, por lo mismo, interactúan más frecuentemente con los no hispanos. Los datos del *U.S. Census Bureau* confirman la influencia del regionalismo: en 1990, el ochenta y cinco por ciento de los mexicoamericanos adultos nacidos en Estados Unidos que viven cerca de la frontera con México, hablan español en casa al menos ocasionalmente, pero menos de la mitad de los que viven fuera de esas zonas, lo hacen. Aun así, más del noventa y cinco por ciento de ambos grupos habla inglés correctamente.

Acomodar y mantener la cultura

Otro rasgo propio de los latinos dentro del Catolicismo de Estados Unidos es que, si bien tienden tanto a formar parroquias nacionales como a integrarse en la misma forma en que lo hicieron los católicos europeos, en su caso ambas dinámicas se presentan simultáneamente, durante un espacio de tiempo más largo. Incluso la misma noción de generación, vista como un proceso colectivo, es engañosa, cuando se habla de la asimilación de los latinos. Como han mostrado los sociólogos Edward Telles y Vilma Ortiz, esto es especialmente cierto cuando se habla de los mexicoamericanos, entre los que frecuentemente "cuatro (o más) diferentes generaciones desde la inmigración se casan entre ellos, viven juntos, interactúan y muy a menudo comparten una identidad étnica". Además, a causa de circunstancias individuales o sociales, no todos los latinos se integran de la misma manera y en el mismo periodo de tiempo. Ningún grupo había abarcado una población tan variada de inmigrantes y sus descendientes como los latinos en la actualidad: unos hablan inglés y otros hablan una lengua distinta; unos acaban de llegar y otros son residentes ya establecidos. Las encuestas nacionales demuestran que los latinos valoran tanto su herencia étnica como vivir en Estados Unidos. Un sondeo del año 2000 mostró que, aunque el ochenta y nueve por ciento de los latinos está de acuerdo en que es importante "para los latinos mantener sus distintas culturas", ochenta y cuatro por ciento también dijo que es importante "para los latinos cambiar de modo que se puedan mezclar con toda la sociedad según la idea del crisol (del *melting pot* ndt)". La enorme mayoría de los jóvenes hispanos expresa una suerte de doble identidad: más del noventa por ciento de segunda generación –y de las siguientes– que participó en un estudio de 2009 del *Pew Hispanic Center*, dijo verse a sí mismos como originarios del país de su familia y como "americanos".

El reciente estudio longitudinal de Telles y Ortiz sobre los mexicoamericanos muestra tendencias tanto a la adaptación como a la retención cultural. Encontró que la mayor parte de los méxico-americanos vive "en un mundo ampliamente modelado por su raza y etnia" y que incluso hasta la tercera y cuarta generación "su etnia sigue influyendo en su lenguaje, en la elección de sus amigos y pareja de matrimonio, el lugar donde viven, cómo se ven a sí mismos y cómo votan". El factor más influyente que retarda la asimilación son las pocas oportunidades para acceder a la educación y al éxito profesional, lo cual tiene un efecto dominó en la integración socioeconómica, marital, residencial, cultural, social y política. Aun así, hay signos de una integración gradual: la segunda generación habla inglés sin problemas y, en la quinta generación, los hogares en los que los padres hablan en español a sus hijos son menos del diez por ciento. El estudio sostiene que afirmar la necesidad de tres generaciones para que se dé la asimilación y que los latinos pertenecerán siempre a la clase baja a causa de su raza son lentes inadecuados para examinar el fenómeno. La complejidad y longitud del proceso de integración en los latinos es todavía más evidente entre aquellos latinos llamados "retro-asimilados". La educación y el haber crecido en Estados Unidos sumergen a los jóvenes hispanos en la forma de vida de Estados Unidos y les enseña casi todo para hablar fácilmente el inglés o incluso dominarlo. Pero factores como el que ahora haya más medios de comunicación en español y personajes importantes que usan ese idioma, el que se estudie el español y las culturas latinas en las escuelas, que haya más compañeros de habla hispana así como parejas de noviazgo y matrimonio, abuelos y otros familiares, discriminación y la búsqueda de una identidad, y los beneficios de ser bilingüe influyen en los jóvenes latinos para hacer más profundos sus vínculos con la herencia de sus antepasados. La inmigración actual y el tamaño de la población hispana favorecen aún más las condiciones para la retro-asimilación en muchos nacidos o largamente radicados en Estados Unidos, llegando hasta la tercera generación –y subsiguientes– los latinos no asimilados, cuyas familias han estado involucradas desde hace tiempo en la sociedad americana.

Eddie Gutiérrez es uno de los muchos estudiantes que he conocido que decidió volver a tomar contacto con sus raíces hispanas y ayudar a aquellos que no han tenido las oportunidades que él tuvo. Reflejando en sí la descripción apenas hecha de los retro-asimilados, Gutiérrez se describe a sí mismo como "un muchacho mexicoamericano, que creció en un hogar donde se hablaba inglés, con acceso a la educación y oportunidades de Estados Unidos". Pero los domingos vuelve a visitar la parroquia de la infancia de su padre en Milwaukee. La influencia espiritual de su abuelo y la educación en una escuela jesuita para jóvenes predominantemente latinos lo llevaron a estar más en relación con sus orígenes hispanos y a aprender y hablar español. Movido por su fe católica y el deseo de ayudar, es consciente de la necesidad de líderes hispanos. Su meta es terminar sus estudios como médico y trabajar en una comunidad que necesite médicos bilingües.

Los factores concomitantes de solidaridad étnica, inmigración y retro-asimilación, junto con la transición hacia la Iglesia Católica y la sociedad de Estados Unidos permanecen frecuentemente ignorados entre los hispanos y otros católicos. A menudo se escuchan comentarios como: "Al final, van a asimilarse en la próxima generación o en la siguiente. Al ofrecerles misas en español, lo único que estás haciendo es retrasar su proceso. Otros grupos de inmigrantes también se sintieron incómodos cuando acababan de llegar. Se trata simplemente de otro grupo que está atravesando por el proceso de adaptación a la vida americana". Este tipo de afirmaciones sobreentiende que los inmigrantes europeos y sus descendientes fijaron un patrón que todos los católicos en Estados Unidos van a seguir, ignorando realidades como la continua llegada de nuevos inmigrantes hispanos, la influencia que tiene la cercanía de la frontera sobre el lenguaje y la retención cultural, y la capacidad de los latinos nacidos en Estados Unidos para preservar sus costumbres y dominio del español. Por otro lado, los defensores del ministerio hispano basados en estas realidades también subestiman a los latinos que solo hablan inglés, tienen débiles vínculos con su herencia hispana, acuden a parroquias no latinas, han pasado a otra denominación o simplemente ya no tienen religión. La vibrante fe de los hispanos inmigrantes en muchas parroquias católicas alimenta la falsa convicción de que la mayor parte de los hispanos conservarán los lazos con su cultura y el dominio del español de forma indefinida. Para entender la presencia de los hispanos en el Catolicismo de Estados Unidos es necesario darse cuenta de que las posibilidades para el futuro no son solo dos opciones: asimilación o retención cultural; sino una mezcla de ambas que persistirá mucho más que en el caso de los grupos de inmigrantes europeos, incluso si la cultura americana y la latina están siendo también modificadas por un mundo globalizado.

La influencia que tiene sobre los latinos vivir en Estados Unidos es crucial para el Catolicismo de este país. ¿Llevarán las parroquias nacionales a un proceso de "integración a través de la separación", como sucedió en el caso de los inmigrantes europeos? Y, dado que más latinos tienen familia en Estados Unidos, ¿permanecerá su

Catolicismo fuerte o más bien se debilitará? El dilema de las parroquias nacionales se subraya aquí: una vez terminada la sólida combinación de fe católicas y solidaridad étnica que van juntas en las vidas de muchos inmigrantes, ¿habrá estructuras adecuadas y ministerios para conservar la fe en las futuras y más integradas generaciones?

Implicaciones pastorales

Algunos líderes pastorales y teólogos sostienen, de manera justificada, que las actitudes unilaterales en el ministerio hispano son inadecuadas, tanto aquellas que enfatizan únicamente la rápida asimilación y el uso exclusivo del inglés, como los que promueven un separatismo étnico prolongado y ministros que solo hablen español. Hablando de las necesidades pastorales de los mexicanos de origen étnico, Eduardo Fernández, SJ, comenta que "los grupos de inmigrantes necesitan periódicamente su propio espacio" para el culto y otras reuniones. Un error que se debe evitar es confundir unidad con uniformidad. Mirando en retrospectiva, la asimilación de los católicos descendientes de europeos a lo largo de tres generaciones fue discreta, incluso si muchos estuvieron "segregados" en parroquias nacionales. Su integración gradual les permitió practicar su fe católica y conservar su unidad étnica para después integrarse en las parroquias americanas. En nuestros días, hacer que los hispanos participen en misas en inglés y en eventos de la parroquia con motivo de la unidad proveerá, cuando mucho, una armonía superficial. En muchos casos estas actividades son fuente de frustración, resentimiento y hacen que los católicos hispanos decidan abandonar la vida de la parroquia. Al mismo tiempo, Eduardo Fernández observa: "mientras los emigrantes adultos que acaban de llegar, tienen un sentido de sí mismos en términos de identidad y propia imagen, los niños mexicoamericanos y los descendientes de la primera generación con frecuencia no lo tienen", pues ellos se enfrentan al hecho de vivir entre el mundo hispano de sus padres y el mundo americano de sus compañeros. Aunque "en muchos casos ellos [los inmigrantes] son los que más ayuda necesitan, los mexicoamericanos más asimilados no pueden ser ignorados, pues a menudo sufren más de una pobreza antropológica, es decir, una que no les permite amarse y aceptarse como Dios los hizo".

Los teólogos hispanos y los párrocos de Estados Unidos han discutido que aquellos que provienen de las culturas latinoamericana y americana no solo coexisten, sino que también chocan, colaboran y se enriquecen mutuamente. La experiencia del P. Virgilio Elizondo de vivir entre las culturas de la frontera de México y Estados Unidos, lo llevó a profundizar en la noción de mestizaje, la dinámica y a menudo violenta mezcla de culturas, sistemas religiosos y pueblos. Sostiene que su gente mexicoamericana es mestiza, nacida de dos choques dramáticos: la conquista española del siglo XVI de los pueblos indígenas en los territorios que se convirtieron en la nueva España (México) y la conquista de Estados Unidos acaecida a mediados del siglo XIX y que actualmente es el Suroeste. Elizondo rechaza tanto la completa asimilación como la resistencia indoblegable de los latinos a las influencias de Estados Unidos, argumentando que los latinos forman y son formados por el "segundo mestizaje", su encuentro y choque con la mezcla pluralista de la cultura americana y con una cultura católica dominante construida sobre una tradición europea. Habla de una identidad mestiza que no es ni completamente mexicana ni norteamericana, ni completamente española ni indígena, sino una mezcla dinámica de estas culturas. Exhorta a sus compañeros mestizos a no identificarse a sí mismos de forma negativa como "no mexicanos" o "no americanos", sino a mirar la identidad positiva de los mestizos, que tienen la ventaja de poder beneficiarse de dos (o más) culturas. Los principales modelos que él propone para esta creativa síntesis son Jesús el Galileo y Nuestra Señora de Guadalupe en México, que unen a diversos pueblos y culturas en una forma mutuamente enriquecedora. Elizondo reconoce que vivir entre varias culturas es a menudo una experiencia dolorosa, que puede convertirse para quien la atraviesa en una fuente de confusión, rechazo y vergüenza. Aun así, su audaz propuesta ha influido significativamente en las actitudes de muchos católicos hispanos hacia la auténtica integración.

El sitio de internet de la Conferencia Episcopal de los Obispos

Católicos de Estados Unidos, en su sección para los asuntos hispanos, presenta diversas etapas para desarrollar el ministerio hispano, las cuales dan forma a una "Teología de la Integración o de la Comunión". Las tres fases principales siguen una "secuencia de desarrollo" para parroquias, diócesis y otras estructuras de la Iglesia. La primera fase, "fortalecer la identidad católica de los fieles hispanos" responde al influjo que las parroquias nacionales tienen entre los recién llegados. Esta comprende "encontrar a los hispanos donde ellos estén", ayudándoles a sentirse en casa y trabajando con ellos para cultivar el liderazgo y los ministerios entre ellos mismos. Una vez que la comunidad étnica de fe se ha establecido, la siguiente fase es, "fomentar el sentimiento de pertenecer a una comunidad nueva y diversa". Esto implica más entrenamiento para el liderazgo, fomentando las relaciones entre los diversos grupos culturales y de ministerio y "abrir completamente las puertas" a la participación hispana en la toma de decisiones dentro de la comunidad. Esta fase de transición y de integración mutua entre iguales, como opuesta a la integración forzada de subordinados, puede llevar a la fase final de "pertenencia y servicio", los cuales aparecen cuando, a los que eran recién llegados, se les permite convertirse en participantes activos que tienen un fuerte sentido de pertenencia y de responsabilidad para el bien de toda la comunidad. El paso final llamado "compromiso completo con la vida y la misión" implica que estos miembros, ahora ya incorporados, ofrecen sus talentos, su apoyo económico y servicio a cualquier persona sin importar su origen. No se establecen periodos de tiempo precisos para las diversas etapas de este proceso, se trata más bien un progreso que se da a un paso realista, teniendo en mente el consejo del Papa Juan Pablo II, como los obispos de Estados Unidos mencionaron en su carta pastoral del año 2000 *Acogiendo al extranjero entre nosotros: unidad en la diversidad*: "El papa advierte repetidamente contra los intentos de apresurar un proceso de asimilación o adaptación cultural en nombre de la unidad, porque la meta es el mutuo enriquecimiento de las personas, no su asimilación a una sola manera de ser humano".

Los obispos más adelante declaran que la integración de los nacidos en Estados Unidos, así como la de los inmigrantes latinos es una exigencia del ser discípulos de Cristo. Los puntos de vista hispanos sobre la forma en que el Catolicismo aborda el tema de la integración, contribuyen a los esfuerzos actuales que forman parte de la labor que se ha hecho desde la época apostólica. En los Hechos de los Apóstoles, los primerísimos cristianos tuvieron que hacer frente al problema de si debían aceptar a los gentiles en sus comunidades de origen judío. Durante 2000 años los cristianos han afrontado retos semejantes, desde los famosos encuentros misioneros como los de los santos Cirilo y Metodio, entre los pueblos eslavos; Mateo Ricci, en China; y el franciscano Fray Pedro de Gante, en el México colonial; junto con encuentros y choques diarios alrededor del mundo entre cristianos y aquellos a los que tratan de evangelizar. Pero el reto es todavía más grande para una sociedad y una Iglesia Católica tan diversa desde el punto de vista racial y étnico como sucede actualmente en Estados Unidos. Como los obispos católicos de Estados Unidos dicen en la carta antes mencionada: "La Iglesia del siglo XXI requiere una profunda conversión en espíritu y en sus instituciones para reflejar su propio pluralismo cultural, abordar las necesidades de la entera comunidad católica y promover una genuina comunión y solidaridad entre los diversos miembros del Cuerpo de Cristo". La respuesta a la presencia de los hispanos no tiene que ver solo con los hispanos, sino con el Catolicismo de toda la Iglesia en Estados Unidos y más allá.

La forma en que los católicos alcancen estas metas tan nobles seguirá afectando a la Iglesia y a la sociedad. Intencionalmente o no, las parroquias nacionales y sus escuelas parroquiales estuvieron entre las instituciones comunitarias que más efectivamente promovieron la integración de los inmigrantes europeos y de sus hijos. Del mismo modo, los ministerios de la parroquia dirigidos a los hispanos de nuestros días, tienen consecuencias no buscadas. Pretender una asimilación forzada puede llevar a la frustración y a estropear el deseo de los recién llegados de integrarse. Aun así, las comunidades y organizaciones eclesiales siguen siendo un refugio para muchos inmigrantes y pueden ayudarles a adaptarse a la vida en Estados Unidos. Si bien, a lo largo de las generaciones, el uso del inglés y otras influencias de la cultura americana son inevitables, el éxito o fracaso de la incorporación de los latinos a la vida de la Iglesia en Estados Unidos, favorece o inhibe el proceso de su asimilación en sentido más amplio. Por lo que ve al ámbito católico, el paso de la hospitalidad a sentirse en casa, sigue siendo un enorme reto que muchos líderes del ministerio hispano coinciden en ver como una tarea apenas comenzada. Los latinos buscan un sentido de pertenencia en sus parroquias, movimientos apostólicos, organizaciones y en toda la Iglesia. Cada contexto local requiere acciones creativas y perseverantes que hagan a los líderes parroquiales y diocesanos capaces de promover el sentido de pertenencia y propiedad entre los latinos, así como una creciente unidad entre ellos y los demás católicos. La tarea del ministerio hispano es multiplicar las estructuras y los líderes que lleven a la práctica esta visión en todos los niveles de la Iglesia así como apoyar y fortalecer la fe católica de los latinos a medida que ellos se involucran más en la cultura americana y en la Iglesia.

CAPÍTULO 3

El ministerio hispano

En 2008, la Conferencia Episcopal de los Obispos Católicos de Estados Unidos comenzó a perseguir las metas de un plan de reestructuración, una de las cuales era reconocer la diversidad cultural. El arzobispo de San Antonio, Mons. José Gómez (ahora de Los Ángeles) y el Arzobispo Emérito, Joseph Fiorenza, de la arquidiócesis de Galveston-Houston, objetaban que el reconocimiento de la diversidad cultural no acentuaba suficientemente la urgencia de contar con ministros para salir al paso del rápido crecimiento de la población hispana. Los obispos de Estados Unidos reformularon esta meta como la promoción de "la diversidad cultural haciendo un especial énfasis en el ministerio hispano, siguiendo el espíritu del Encuentro 2000", en referencia a una iniciativa que culminó en una reunión nacional "Muchos rostros en la casa de Dios: una visión católica para el tercer milenio".

La reestructuración de la Conferencia Episcopal reemplazó al Comité Episcopal para los Asuntos Hispanos con el Subcomité Episcopal para Asuntos Hispanos, una unidad administrativa con menos peso. El Secretariado para los Asuntos Hispanos fue incluido dentro de un nuevo Secretariado para la Diversidad Cultural en la Iglesia, el cual busca fomentar la unidad de la Iglesia integrando grupos poco representados como los latinos. La preocupación sobre el cambio de estatus emergió en un simposio organizado en 2007 por el Consejo Católico Nacional para el Ministerio Hispano (*NCCHM*, por sus siglas en inglés). Los participantes enviaron una declaración al Comité Episcopal para los Asuntos Hispanos, advirtiéndole que "el plan de reestructuración puede tener un impacto negativo en el cuidado pastoral y en la formación en el liderazgo de los hispanos", cuyos números siempre crecientes y "retos y oportunidades únicas...

requieren recursos y apoyo institucional que puede verse diluido al colocar al ministerio hispano junto con otros ministerios raciales y étnicos". También menciona que el plan para el nuevo secretariado "divide estructuralmente a la Iglesia en dos grupos: uno para los católicos blancos y otro para los católicos que no son blancos, de acuerdo con el *U.S. Census Bureau*". El simposio pidió a los obispos "aclarar que la decisión de tener solo una oficina multicultural en la Conferencia Episcopal no debe considerarse como 'el modelo' para el ministerio hispano en los niveles diocesanos y parroquial" y "evaluar y reconsiderar la decisión de colocar al ministerio hispano" junto con otros grupos.

Los primeros directores del Secretariado para la Diversidad Cultural en la Iglesia fueron el P. Allan Figueroa Deck y María del Mar Muñoz-Visoso. Los dos primeros obispos en ocupar la silla del Comité Episcopal para la Diversidad Cultural en la Iglesia fueron Mons. Gómez y Mons. Jaime Soto de Sacramento. Tanto el Comité como el nuevo Secretariado han hecho un buen trabajo en colaboración con la Conferencia Episcopal para abordar los problemas sobre la diversidad.

Aun así, los hispanos católicos que conocen la declaración *Encuentro y misión: un renovado marco pastoral para el ministerio hispano*, tienen razón en preguntarse qué ha sucedido desde 2002, cuando los obispos aprobaron este documento. *Encuentro y misión* expresó fuertes reservas acerca de un "'modelo multicultural' que consolide a las minorías bajo una sola oficina". Ese modelo "diluye la identidad y la visión del ministerio hispano y la de los otros ministerios étnicos"; conduce a "la reducción de recursos y el limitado acceso al obispo"; y expresaron su preocupación por la exclusión "del personal del ministerio hispano en el proceso de toma de decisiones". Los obispos reconocen que "el tamaño y la larga historia de la presencia de la población hispana exigen una respuesta enérgica de parte de la Iglesia al desafío de hacer su apostolado entre los católicos hispanos".

El simposio de NCCHM examinó los cambios dentro de la Conferencia Episcopal de Estados Unidos en el contexto de las realidades cambiantes en la Iglesia y la sociedad, los progresos en el ministerio hispano de las últimas décadas y "el estado actual de nuestro ministerio y su orientación para el futuro". Mons. Gómez elogió la "larga lista de logros" en el ministerio hispano, animando al auditorio "a seguir nuestra lucha" en favor de los inmigrantes y "por la justicia económica y mejores condiciones de vida y de trabajo para nuestra gente". También mencionó que los hispanos tienen una tasa más alta de madres solteras que cualquier otro grupo y considerables tasas de abandono escolar, un número creciente de católicos que han pasado a otra religión o a ninguna y que el aborto sigue siendo un serio problema. Ante estos "signos de pobreza moral y espiritual", Mons. Gómez dijo: "debemos preguntarnos... por qué nuestros ministros no han influido más en las vidas de nuestra gente". Otros mostraron su preocupación de que los cambios en la Conferencia Episcopal y la disminución del apoyo económico haya debilitado las estructuras eclesiales que los líderes del ministerio hispano necesitaban para ser agentes que transformen la fe y la vida de la gente.

Los líderes del ministerio hispano han dado continuidad a estas ideas desde el simposio, señalando que el ministerio hispano se encuentra en una encrucijada. El P. Deck ha definido esto como una importante transición, mientras las "comunidades católicas europeoamericanas envejecen y disminuyen sus números, y las comunidades latina, asiática, africana y afroamericana crecen en presencia e influjo dentro de la Iglesia". Presenta una preocupación muy extendida entre los partidarios del ministerio hispano, los cuales piensan que "en un tiempo en que la presencia hispana está alcanzando niveles de gran importancia, las estructuras necesarias para mantener y desarrollar la respuesta de la Iglesia a estos retos y oportunidades son relativamente débiles e incluso se están haciendo todavía más débiles". Deck sostiene que los ministerios de jóvenes y reforzar las estructuras sobre las que se apoya el ministerio hispano son las metas más urgentes para la vitalidad del Catolicismo latino.

Evolución de estructuras nacionales
para el ministerio hispano

Pero las iniciativas del ministerio hispano no son nuevas. El origen de las estructuras regionales y nacionales del ministerio hispano está en los años posteriores a la Segunda Guerra Mundial. El activismo que creció con el movimiento por los derechos civiles de la década de los sesenta, las reformas del Concilio Vaticano II, el ejemplo de los acontecimientos de América Latina y una población en expansión con un número creciente de líderes hispanos hicieron que aumentaran los esfuerzos de los católicos hispanos por lograr una reforma eclesial y social. Más tarde, un movimiento cada vez más grande de políticos conservadores, el papado de Juan Pablo II y los problemas económicos llevaron a lo que está sucediendo actualmente. Las discusiones de estos años tienen lugar cuando las estructuras nacionales y regionales, desarrolladas desde finales de la década de los sesenta, han mermado y quienes promueven el ministerio hispano deben responder a difíciles preguntas sobre el progreso del este ministerio y su relación con el Catolicismo de Estados Unidos como un todo.

Mons. Robert Lucey, arzobispo de San Antonio, realizó la primera iniciativa entre los obispos católicos de Estados Unidos, en 1945, para hacer un esfuerzo nacional de ministerio hispano. Este esfuerzo se concretó en la fundación del Comité Episcopal para los Hispanohablantes. Nació por la alarma del proselitismo protestante, la aplicación de la Doctrina Social de la Iglesia a los mexicanos étnicos y un informe del gobierno de Estados Unidos publicado durante la Segunda Guerra Mundial afirmando que el abandono por parte de la Iglesia Católica de los mexicanos étnicos en el Suroeste del país obstaculizaba el esfuerzo nacional por la guerra. Una oficina para los hispanohablantes fue la encargada de diseñar un plan que incluyera la construcción de clínicas, facilidades de vivienda y centros de catequesis en los que se ofrecieran servicios humanos e instrucción en la fe católica. Atender a las necesidades de los trabajadores inmigrantes que habían caído en la pobreza sería una prioridad. Uno de los logros más grandes del Comité fue ayudar a establecer consejos católicos diocesanos para los hispanohablantes, los cuales promoverían los ministerios entre los hispanos.

Mons. Lucey creó la visión del ministerio hispano que inspiraría las actividades del comité y los consejos diocesanos para la promoción de la justicia y de la fe, como el objetivo de la labor de la Iglesia Católica hacia los mexicanos étnicos pobres, miembros de la clase trabajadora. Mons. Lucey puso en guardia sobre el "ataque" protestante contra la Iglesia Católica. En respuesta, los obispos buscaron más sacerdotes, religiosas y líderes laicos para el apostolado con los hispanohablantes, promoviendo los programas para capacitarlos en el conocimiento del español y de la cultura mexicana. Los líderes católicos incrementaron el alcance del servicio social a un nivel similar al que tenían los protestantes para atraer a mexicanos étnicos a iglesias y ministerios protestantes. Lucey estableció la Confraternidad de la Doctrina Cristiana a un nivel arquidiocesano, promoviéndola como un medio para formar católicos en su fe y ayudarlos a defenderse contra los que hacían proselitismo. Insistió en que las enseñanzas de la Iglesia se transformaran en acciones concretas que promovieran los derechos humanos.

Los acontecimientos posteriores fortalecieron las luchas de los latinos por la justicia. Después de la Segunda Guerra Mundial, los veteranos mexicoamericanos formaron el *American G.I. Forum*, que trabajaba por los derechos de los veteranos, pero también promovía reformas sociales y políticas que beneficiaran a otros mexicoamericanos. Durante la década de los sesenta, el activismo latino tuvo su representación más visible en César Chávez y la Unión de los Campesinos Trabajadores (UFW, por sus siglas en inglés). Chávez también es conocido por su fe católica, su devoción y por llevar a la práctica la Doctrina Social de la Iglesia. En una ocasión dijo a sus compañeros chicanos que también eran militantes, muchos de los cuales veían a la Iglesia Católica como una institución opresiva: "Hay cientos de miles de nuestra gente que desesperadamente necesitan ayuda de esa poderosa institución, la Iglesia, y nosotros somos tontos en no ayudarles a alcanzarla... Nosotros pedimos a la Iglesia sacrificarse con la gente por un cambio social, por la justicia y por el amor al hermano. No pedimos palabras. Pedimos hechos. No pedimos paternalismo. Pedimos servicio". A pesar de la resistencia inicial, Chávez consiguió el apoyo de los líderes eclesiales, incluyendo su respaldo para boicots de uvas y lechuga que hicieron presión sobre los productores para negociar en buenos términos con la UFW.

El deseo cada vez mayor por un cambio social influyó en los esfuerzos latinocatólicos y dirigió sus energías hacia el interior de la Iglesia. Como sostiene el sacerdote méxico-americano Virgilio Elizondo, las acusaciones de los latinos de que la Iglesia Católica había sido negligente y cómplice de la discriminación "me forzó a mí y a muchos otros a adoptar una actitud más crítica y a prestar una atención más profunda al funcionamiento interno de nuestra Iglesia". El P. Ralph Ruiz, miembro del *Inner City Apostolate* de la arquidiócesis de San Antonio, fundó junto con otros sacerdotes chicanos PADRES (Padres Asociados por los Derechos Religiosos, Educativos y Sociales), la primera asociación de clero latino en Estados Unidos. En 1971, la Hna. Gregoria Ortega y la hermana Gloria Graciela Gallardo escribieron a otras religiosas chicanas: "hay algunas de nosotras que hemos tratado de hacer algo por nuestra gente y por ello nos hemos encontrado a nosotras mismas en 'problemas', tanto con nuestra propia congregación como con miembros de la jerarquía". Gallardo y Ortega crearon a "Las Hermanas". Hacían notar que en 1970, el treinta y siete por ciento de los católicos de Estados Unidos eran hispanos, mientras que menos del uno por ciento formaba parte del episcopado de Estados Unidos. Al mismo tiempo, el diecisiete por ciento de los católicos en Estados Unidos eran americano-irlandeses y el cincuenta y seis por ciento de los obispos católicos eran de ascendencia irlandesa. Los miembros de PADRES protestaron también por la falta de representación de los hispanos en la jerarquía y anunciaron la posibilidad de establecer una iglesia nacional chicana para corregir esta desigualdad.

El Concilio Vaticano II animó a los latinos a llevar a la práctica las enseñanzas conciliares en el contexto de su propia situación. El énfasis en la llamada universal a la santidad es el fundamento para que muchos católicos laicos tengan la convicción de poseer una vocación, incluidos entre ellos los hispanos. El mandato del Vaticano II de una renovación eclesial orientó a los líderes latinocatólicos y dio forma a los cambios que promovieron en aspectos que van desde el uso de la lengua vernácula en la liturgia hasta una mayor colegialidad en el ministerio o a la necesidad de líderes de la Iglesia nativos para atender a específicas comunidades de fe. La invitación del Concilio a volver a las fuentes de la fe, fue de gran importancia para dar un fundamento a la Teología Latina de Estados Unidos y su énfasis en las expresiones de fe hispanas.

Los acontecimientos de América Latina también influyeron en el ministerio hispano, especialmente la Teología de la Liberación Latinoamericana y la Conferencia Episcopal Latinoamericana de 1968 celebrada en Medellín, la cual se ocupó de la pobreza y del sufrimiento en el Continente a la luz de la renovación del Concilio Vaticano II. Algunos miembros de PADRES y de las Hermanas participaron dando preparación pastoral en el Instituto Pastoral Latinoamericano (IPLA) de Quito, Ecuador. Luego, en 1970, Virgilio Elizondo, miembro de PADRES que estuvo presente en Medellín fundó en San Antonio, Texas, el Centro Cultural Mexicoamericano (MACC, por sus siglas en inglés y actualmente Universidad Católica Mexicoamericana), que es un centro pastoral como el IPLA en el que se combinaban lecciones aprendidas en América Latina con los análisis de la experiencia latina en Estados Unidos. El emigrante chileno Mario Paredes, director del Centro Católico Hispano del Noreste, en Nueva York, estableció lazos con las diócesis de Puerto Rico, República Dominicana, México, Colombia y otros países de América Latina. Como director del Instituto Pastoral del Sureste (SEPI), en Miami, el P. Mario Vizcaíno, Sch.P., exiliado cubano, extendió el ministerio hispano allí cuando estableció relaciones con países hispanohablantes. Importantes católicos de Latinoamérica visitaron los centros pastorales de Estados Unidos y asistieron a reuniones eclesiales, mientras algunos líderes hispanos de Estados Unidos, por su parte, participaron en eventos de la Iglesia de América Latina y en programas de capacitación, como los del IPLA, creando un fuerte intercambio entre líderes católicos de Estados Unidos y América Latina.

Los católicos hispanos de Estados Unidos pusieron a prueba su peculiar experiencia, sus retos y su fe. Como lo explican los líderes de MACC, los hispanos eran "muy conscientes de que no somos una típica clase media anglosajona de norteamericanos blancos y a la vez nos dimos cuenta con claridad de que no somos iguales a los mexicanos que viven en México o a los latinoamericanos que viven en Latinoamérica. Tenemos una identidad que nos es propia porque hemos conservado nuestra lengua, nuestra religión y muchas de nuestras costumbres y tradiciones en un ambiente de habla inglesa". Los institutos de pastoral hispanos eran centros para la formación pastoral, para aprender español, para aprender el ministerio hispano, para buscar la justicia y para la investigación y divulgación de materiales sobre la liturgia hispana, las expresiones de fe, la Historia y la Teología. Ofrecían una orientación cultural y pastoral a los sacerdotes y religiosos latinoamericanos que venían a ejercer su ministerio entre los hispanos católicos de Estados Unidos, quienes finalmente tenían sus propias instituciones para estudiar su herencia y las implicaciones teológicas y pastorales de su experiencia como latinocatólicos radicados en Estados Unidos.

Encuentros hispanos de pastoral

Las influencias sobre los líderes del ministerio hispano llevaron al establecimiento de la más importante estructura nacional que les permitió hacerse oír por los obispos. En 1971, el P. Robert Stern, director del Apostolado Hispanohablante de la Arquidiócesis de Nueva York, invitó a líderes del ministerio hispano a reunirse con Edgard Beltrán, quien trabajaba para la Conferencia Episcopal Latinoamericana, para desarrollar un plan pastoral que los orientara en su ministerio entre los hispanohablantes. Beltrán propuso que los líderes católicos hispanos organizaran un encuentro nacional para mejorar su planeación pastoral y su trabajo apostólico. Esto llevó al Primer Encuentro Hispano de Pastoral celebrado en 1972.

El Encuentro tenía como finalidad trazar un plan pastoral para los hispanos a través del análisis de su situación pastoral y de la búsqueda de soluciones para los problemas existentes. Basados en el documento del Concilio Vaticano II *Gaudium et Spes* (la Constitución Pastoral sobre la Iglesia en el mundo moderno) se adoptó el esquema de ver-juzgar-actuar. Esta metodología analiza las condiciones en que la gente vive, discierne cómo estas condiciones reflejan o contradicen la voluntad de Dios y actúa para transformar sus vidas de acuerdo con ello.

Una de las charlas del Encuentro titulada "La Iglesia: diocesana y nacional", dada por el primer obispo mexicoamericano, Patricio Flores, captó el mensaje central del evento. Alabó "el gran amor y dedicación de la Iglesia", pero hizo "algunas fuertes críticas, aunque constructivas, a la Iglesia Católica de Estados Unidos". Mons. Flores dijo "si la Iglesia quiere seguir llamando a los hispanohablantes 'sus hijos' entonces debe cambiar sus actitudes y estructuras". Anotó que en relación con el aborto "la posición de la Iglesia ha sido firme en contra de la supresión de la vida". Pero también afirmó que los ministros de la Iglesia a menudo han escogido "permanecer neutrales", mientras los hispanos sufrían opresión, discriminación e intentos para privarlos de sus tierras, lengua, cultura y expresiones de fe. Hizo un llamado para que hubiera una mayor aceptación de los hispanos entre los demás católicos, más parroquias nacionales en lugares donde los católicos hispanos "no son bien recibidos y donde toda la gente es hispanohablante" y para que comisiones diocesanas o equipos pastorales organicen el ministerio hispano. Animó a los líderes hispanos a trabajar utilizando las estructuras ya existentes y a "levantar la voz" para que haya más obispos hispanos, un seminario nacional para hispanohablantes y nombramientos de hispanos "en todos los departamentos de la estructura de la Iglesia de Estados Unidos".

Muchas de las conclusiones del Encuentro para mejorar el ministerio hispano fueron bien recibidas por los obispos de Estados Unidos. Estas incluían peticiones de más oficinas diocesanas para el ministerio hispano, personal de habla hispana en las agencias de la Iglesia, formación en las culturas hispanas y en la lengua española para seminaristas y sacerdotes, más diáconos casados de origen hispano para hacer frente a la falta de sacerdotes hispanos, programas de educación religiosa que atraigan a los hispanos para que quieran conocer su fe, secciones en español en los periódicos diocesanos, obispos hispanos, convertir la Oficina de Asuntos Hispanos de la Conferencia Episcopal en secretariado y destinar más recursos económicos al ministerio hispano.

Algunas de las conclusiones del Encuentro reflejaron estrategias que el Comité Episcopal para los Hispanohablantes y los consejos diocesanos para hispanohablantes habían ya comenzado a aplicar. Los participantes del Encuentro buscaron más recursos y apoyo para dichas estrategias. Su primera demanda adicional fue que "debe haber mayor participación de los hispanohablantes en el liderazgo y toma de decisiones en todos los niveles dentro de la Iglesia de Estados Unidos". Un sacerdote chicano lamentó que "las instituciones públicas, tanto federales como estatales, con sus programas de acción afirmativa, están más abiertas a la igualdad de oportunidades en el empleo y a la lucha contra la discriminación que la Iglesia Católica".

El Vaticano II, en contacto con la realidad Latinoamericana así como con sus propuestas teológicas y pastorales de matriz hispanocatólica, permitió a los participantes integrar sus luchas con su vocación de líderes católicos en la Iglesia. Pero el principal impulso dado por el Encuentro fue aplicar estrategias para el cambio social, según la reforma ordenada por el Vaticano II. Apoyándose en la Doctrina Social de la Iglesia y en su experiencia con los movimientos a favor de los derechos civiles, los líderes hispanos sostuvieron que la paridad en los puestos de liderazgo, una mayor autoridad en la toma de decisiones y en las estructuras que defienden sus derechos, eran necesarias para combatir la desigualdad y la discriminación que ellos percibían en la Iglesia de Estados Unidos. Estos cambios eran necesarios para hacer a la Iglesia más fiel a su misión y a Cristo. A lo largo de las décadas siguientes, los latinocatólicos fundaron organizaciones nacionales para apoyar y defender que los hispanos ocuparan más puestos de liderazgo en la Iglesia, incluyendo ministerios litúrgicos, músicos pastorales, ministerios de jóvenes y adultos jóvenes, catequistas, seminaristas, diáconos, historiadores de la Iglesia, teólogos, personal para los institutos de formación pastoral y directores diocesanos de ministerio hispano.

El cambio más evidente a nivel nacional después del Primer Encuentro, fue que en 1974 los obispos de Estados Unidos decidieron dar un mayor estatus administrativo, esto es un Secretariado, a la antigua sección para los hispanohablantes. Pablo Sedillo llevó adelante esta tarea con el apoyo de grupos como PADRES y las Hermanas, para asegurar una plataforma nacional más fuerte que respaldara el ministerio hispano bajo la guía de los obispos. Además, los líderes del ministerio hispano promovieron iniciativas para llevar a la práctica las conclusiones del Encuentro, complementadas por esfuerzos en la planeación pastoral incluyendo el Congreso de 1976 "Llamada a la acción" (*Call to Action*) sobre la justicia y que contó con una significativa participación de las Hermanas, PADRES y otros líderes hispanos. Sedillo organizó el Segundo Encuentro, en 1977, "Pueblo de Dios en marcha". En las discusiones sobre temas fundamentales, participaron más de 100,000 personas, las cuales establecieron las necesidades y aspiraciones de los católicos hispanos que fueron después presentadas a niveles más altos. En el Segundo Encuentro, los delegados aprobaron conclusiones sobre la evangelización, a saber: ministerios, derechos humanos, responsabilidad política, unidad en el pluralismo y educación integral; con ello los delegados se refieren a una formación de la persona en todos los aspectos de la vida orientada hacia la "liberación" y "auténtica libertad humana".

En el discurso de apertura, Mons. Roberto Sánchez, arzobispo de Santa Fe, afirmó que "si el primer Encuentro Nacional logró sensibilizar a la Iglesia en nuestro país a la presencia de los hispanos", mientras el segundo alcanzaría un logro semejante para "nuestras tradiciones religiosas". Invitó a la audiencia a seguir "preservando los tesoros de nuestra herencia y nuestra identidad". Los delegados del

Encuentro enfatizaron esto en sus recomendaciones y pidieron que la Iglesia "tome en cuenta de forma seria a la cultura hispana y la forma de vida de nuestra gente en la evangelización". Los delegados reconocieron "los enormes problemas que existen en nuestro pueblo a causa de la diversidad de nuestras historias y herencias" e invitó a que la Iglesia "tenga muy en cuenta la sensibilidad y las circunstancias históricas de cada uno de los diferentes pueblos que forman el mosaico hispano en los Estados Unidos". La oposición del Encuentro a la asimilación y su apoyo a la promoción de las culturas hispanas, y a una mayor participación de estas en toda la Iglesia y la sociedad, mostró una convicción de los hispanos católicos que influyó profundamente en todo ministerio hispano.

Los participantes consideraron el Segundo Encuentro como un momento histórico de la contribución de los hispanos al Catolicismo de Estados Unidos, a través del proceso fundamental que "marcó un cambio... de una Iglesia de masas a una de comunidades cristianas básicas; de una Iglesia vertical a una de diálogo y comunión firmemente enraizada en el Evangelio". Los organizadores pidieron "que los obispos, párrocos y todos aquellos que estén involucrados en el apostolado con los hispanos, aceleren la formación de estas comunidades cristianas básicas". El logro más ambicioso del Segundo Encuentro fue la amplia consulta sobre la que se construyó, la cual comenzó con pequeñas reuniones en las comunidades. Esto se convirtió en una experiencia de aprendizaje para miles de hispanos católicos y les permitió hacer llegar sus preocupaciones a líderes de la Iglesia y a otros católicos hispanos. Las conclusiones del Segundo Encuentro nacieron de un proceso que incluyó a católicos hispanos normales, por un lado, y el grupo de líderes del Primer Encuentro, por otro.

Los delegados del Segundo Encuentro basaron su visión del ministerio hispano en la llamada de todos los católicos a la evangelización promovida por el Vaticano II y por la exhortación apostólica *Evangelii Nuntiandi* (sobre la evangelización en el mundo moderno) escrita por Pablo VI en 1975. En sus conclusiones los participantes del Encuentro declararon: "entendemos que la evangelización implica un proceso continuo de toda la vida, en el que el cristiano se esfuerza por llegar cada vez más a un encuentro personal y comunitario con el mensajero, Cristo, y a un compromiso con su mensaje, el Evangelio". La diaria conversión permite a los creyentes y a sus comunidades dar testimonio del Evangelio con la palabra, con una "vida sirviendo al prójimo" y con "la transformación del mundo". Lanzaron un llamado a la conversión a los católicos de Estados Unidos para lograr una Iglesia más unida, en una actitud de colaboración en la vida pastoral, pobre de espíritu y equitativa en su distribución de los recursos, comunitaria a la hora de acoger a las diferentes culturas y líderes, misionera en su esfuerzo por alcanzar a aquellos que más necesitan el mensaje liberador de Cristo e imparcial, expresando respeto por todos.

Surgieron también las estructuras para llevar a la práctica las conclusiones del Encuentro. Oficinas regionales, institutos pastorales y otras iniciativas fueron fundados para coordinar el ministerio hispano, llevando a la creación de un comité consultivo nacional ante el Secretariado para los Asuntos Hispanos. Todo ello llevó a fomentar las iniciativas del ministerio hispano en diócesis y parroquias. El grupo de obispos hispanos, cada vez más numeroso, apoyó estos avances con su propio ministerio y documentos pastorales. Prepararon el camino para que los obispos de Estados Unidos presentaran, en 1983, su carta sobre el ministerio hispano: *La presencia hispana: esperanza y compromiso*. La carta reflejaba el proceso de planeación pastoral del Encuentro que evaluaba la situación concreta de los hispanos, proponiendo "implicaciones pastorales urgentes" y llamando a hacer algo concreto para salir a su encuentro. El documento se hacía eco de muchas ideas y compromisos pastorales del Encuentro e introducía otros, como renovar la predicación e incrementar las oportunidades para los hispanos de recibir una educación católica. La carta pastoral abundó en los temas tratados en el Encuentro como las Comunidades Eclesiales de Base, las cuales "deben ser expresión de la Iglesia que libera del pecado personal y estructural; debe ser una pequeña comunidad con relaciones interpersonales; debe formar parte del proceso de evangelización integral y debe estar en comunión con el resto de la Iglesia". Los obispos pidieron "a nuestro pueblo hispano que eleve su voz profética... en un tercer Encuentro Nacional Hispano de Pastoral", en 1985. Prometieron "más adelante revisaremos las conclusiones del Tercer Encuentro como una base para preparar el Plan Nacional de Pastoral para el Ministerio Hispano".

El Tercer Encuentro fue el primero convocado por los mismos obispos americanos. Los organizadores coordinaron la formación de equipos móviles para llegar a la gente que muchas veces se queda al margen de la vida de la parroquia, como los inmigrantes o los que no viven su fe de forma activa. Fijaron cuotas de participación de laicos, campesinos y trabajadores, mujeres y delegaciones de jóvenes. Más de las dos terceras partes de los 1,148 participantes eran laicos, la mitad de ellos mujeres, y el número de los que se encontraban en una situación económica difícil fue cerca del veinte por ciento, meta establecida por los organizadores. Cerca del ochenta por ciento no había estado en el Segundo Encuentro y cerca del noventa en el Primero, una muestra del éxito logrado por contactar a nuevos líderes y a un amplio espectro de hispanos.

Haciéndose eco de la invitación de los obispos a que los hispanos "eleve su voz profética", el tema del Encuentro fue "Pueblo hispano: voz profética", que "siguiendo las huellas del Vaticano II, de Puebla (Conferencia de los Obispos Latinoamericanos en 1979), del Magisterio de los papas y especialmente del mismo Jesús, hace una opción por los pobres, los jóvenes, las mujeres, los derechos del no nacido, los indocumentados, los campesinos y todos aquellos que están marginados en la sociedad". El Tercer Encuentro organizó las resoluciones para dar continuidad al proceso del Encuentro en la evangelización, educación integral, justicia social, jóvenes y formación de líderes. En vez de hacer un llamado a los obispos y a otros líderes para que llevaran a cabo determinadas acciones, la fórmula para enunciar los compromisos comenzaba con las palabras "nosotros, como pueblo hispano, nos comprometemos a...".

El Plan Pastoral Nacional y acontecimientos posteriores

Los obispos de Estados Unidos ratificaron el Plan Pastoral Nacional para el Ministerio Hispano en 1987. Este respaldó los principios y estrategias propuestos desde el Primer Encuentro y antes. El objetivo fue "VIVIR Y PROMOVER... mediante una pastoral de conjunto un MODELO DE IGLESIA que sea comunitaria, evangelizadora y misionera, encarnada en la realidad del pueblo hispano y abierta a la diversidad de culturas, promotora y ejemplo de justicia... que desarrolle liderazgo por medio de la educación integral... QUE SEA FERMENTO DEL REINO DE DIOS EN LA SOCIEDAD". Los obispos crearon el Comité Episcopal para Asuntos Hispanos, elevando lo que era un comité *ad hoc* a la categoría más alta para un comité permanente dentro de la Conferencia Episcopal de Estados Unidos.

Muchas categorías del plan fueron tomadas del Tercer Encuentro. La más llamativa fue utilizar la *pastoral de conjunto*, "como una estrategia integral para el trabajo pastoral como está explicada en los documentos de Medellín". En el Plan Pastoral Nacional se explica como "la coordinación armoniosa de todos los elementos de la pastoral" dirigida a la meta de proclamar "el Reino de Dios" y expresar "la esencia y misión de la Iglesia, que es ser y crear comunión". El plan presentó iniciativas para promover la planeación pastoral, el ministerio y el liderazgo en todos los niveles de la Iglesia. Se concentra, sobre todo, en promover la formación de ministros hispanos a diferencia del Tercer Encuentro cuyo énfasis está en la creación de "un modelo de Iglesia en el que sobresale la dimensión profética".

A pesar de la relevancia del Plan Pastoral Nacional como el respaldo de los obispos al proceso del Encuentro y su propósito de fortalecer el ministerio hispano a través de una más sólida planeación pastoral, implementación y administración de los recursos, algunos líderes hispanos expresaron dudas sobre si este llegaría a desarrollar todo su potencial. Más del noventa por ciento calificaron su experiencia en el Tercer Encuentro como "buena" o "excelente"; pero más de la mitad de este grupo calificó la puesta en práctica de un plan pastoral para el ministerio hispano en sus parroquias solo como "adecuada" o "pobre". Su preocupación sobre la falta de fondos empeoró las sospechas de que, aun contando con el respaldo de los obispos, no llegarían al deseado incremento de ministerios hispanos, tan necesario. Los obispos destinaron recursos financieros a los presupuestos del ministerio hispano en las diócesis, a los sueldos y la operación del Secretariado para los Asuntos Hispanos, y para financiar proyectos y organizaciones parte de la Conferencia Episcopal. Aun así, dadas las muchas necesidades materiales y los numerosos objetivos del plan pastoral, muchos líderes presionaron a los obispos para que asignaran más fondos a su implementación. Los obispos nombraron consultores para su Consejo Nacional Asesor, reemplazando así al Comité Nacional Asesor, lo que llevó a acusaciones de que el Comité, que era más representativo, fue disuelto porque sus miembros no estaban de acuerdo con los obispos sobre el financiamiento del plan pastoral. Pablo Sedillo renunció a su puesto como director en el Secretariado para los Asuntos Hispanos. La publicación por parte de los obispos del Plan Pastoral Nacional fue el culmen de los tres Encuentros y el mejor momento del apoyo oficial al ministerio hispano, pero también reveló que, a pesar de las grandes expectativas que los Encuentros suscitaron, estos no eran la solución mágica para que sus participantes comprendieran rápidamente las concepciones y puntos de vista del ministerio hispano.

El desarrollo del ministerio hispano, desde que se publicó el Plan Pastoral Nacional, presenta estas tendencias: mientras las estructuras de apoyo a nivel nacional y regional se han debilitado, los ministerios a un nivel local se han fortalecido. Este crecimiento refleja la influencia de los Encuentros y los esfuerzos por promover los ministerios hispanos que tienen sus orígenes en las iniciativas de Mons. Lucey y el Card. Spellman. También se debe a los cambios demográficos: desde 1990 la mayor dispersión de una cada vez mayor población latina a lo largo de Estados Unidos ha modificado el paisaje del ministerio hispano. Inmigrantes provenientes de toda América Latina comprenden una mayor parte de las comunidades hispanas que se están extendiendo, incluyendo religiosas y sacerdotes inmigrantes traídos para atender parroquias y diócesis. Muchos lugares que tenían una presencia hispana relativamente baja, ahora tienen una considerable población latina. Las parroquias y diócesis que han comenzado ministerios hispanos en las últimas dos décadas, están a menudo atendiendo a estos latinos recién llegados en el mismo lugar en donde están.

Las tendencias cambiantes en la sociedad e Iglesia explican también la disminución de estructuras de apoyo para el ministerio hispano. El entorno político de Estados Unidos ha visto decididas y enérgicas reacciones, críticas a las diversas posiciones políticas y uso de terminología "políticamente correcta", todo ello elementos de una actitud conservadora que se opone a las demandas de las "minorías" que buscan un acceso paritario a recursos y puestos de liderazgo. Aunque estas tendencias de la sociedad no determinan las decisiones internas de la Iglesia, influyen en las actitudes de los laicos y el clero hacia las iniciativas eclesiales y hacia las estructuras destinadas a corregir el abandono de los hispanos. Así como el clima de cambio social durante la época de la lucha por los derechos civiles fue un apoyo para los esfuerzos de los líderes hispanos católicos en la década del Primer Encuentro, los debates políticos más recientes han puesto en duda la conveniencia de fijar un número determinado de puestos de decisión y de crear estructuras institucionales propias para grupos étnicos y raciales históricamente poco representados.

El Papa Juan Pablo II tuvo un influjo muy grande en el Catolicismo e inspiró a muchos líderes hispanos católicos con sus enseñanzas, especialmente sobre la evangelización y la necesidad de comunión, solidaridad y un destino común en todo el Continente. En un evento de 1995 que celebraba el 50 aniversario de la oficina nacional de ministerio hispano y cuyo título era "La presencia hispana en la Nueva Evangelización en los Estados Unidos", la declaración final estuvo centrada en un llamado a "la Nueva Evangelización". Los participantes se comprometieron a "luchar contra la cultura de la muerte denunciada por nuestro Santo Padre, Juan Pablo II, dando testimonio de lo que es el Evangelio de la Vida". La influencia de Juan Pablo II se manifiesta también en el documento de los obispos

Encuentro y misión, el cual establecía que la Nueva Evangelización tuviera en cuenta "todas las dimensiones específicas del Plan Pastoral" como un medio para llegar "más eficazmente a los católicos hispanos inactivos y a los que no pertenecen a iglesia alguna".

Durante el largo papado de Juan Pablo II, los nombramientos de obispos y nuncios papales llevaron al Catolicismo a un mayor respeto por la autoridad de la Iglesia. Muchos líderes del ministerio hispano consideraban que los obispos hispanos nombrados por Juan Pablo II se preocupaban más de ser leales a la institución que de promover el ministerio hispano, al que nombramientos previos, como el del arzobispo Patricio Flores, habían defendido. Aunque no se oponían explícitamente a demandas como la de paridad de liderazgo entre grupos étnicos dentro de la Iglesia –durante el papado de Juan Pablo II el número de obispos hispanos pasó de ocho a treinta y seis–, la lealtad institucional de los obispos fue menos favorable a la intención del Encuentro de apelar a los obispos como un cuerpo colectivo, para que apoyaran al ministerio hispano a través de cambios estructurales y recursos. El deseo de Juan Pablo II de unificar la Iglesia a través de su autoridad central suscitó la pregunta sobre la jurisdicción de las conferencias episcopales nacionales, organizaciones cuya importancia después del Vaticano II llevó a confusiones sobre su papel en relación con la autoridad del Vaticano y la del obispo en su propia diócesis. En su carta apostólica de 1998 *Apostolos Suos* (sobre la naturaleza teológica y jurídica de las conferencias episcopales) el Papa Juan Pablo II explicó que una declaración de una conferencia episcopal no es vinculante para los fieles dentro de sus diócesis a no ser que reciba el voto unánime de los obispos –algo que rara vez sucede en Estados Unidos– o en el caso de una mayoría, sin votación unánime, pero con la aprobación del Vaticano. Esta enseñanza acerca del papel de las conferencias episcopales confirmó la convicción de que es tarea de cada obispo poner en marcha iniciativas como el Plan Pastoral Nacional de acuerdo con las necesidades locales y las circunstancias, un hecho que ha debilitado el impacto de oficinas y estructuras de la Iglesia, regionales y nacionales, como los Encuentros y el Secretariado para los Asuntos Hispanos.

La crisis de los abusos sexuales cometidos por miembros del clero y la transferencia de los clérigos involucrados, a sabiendas de los obispos, a otras responsabilidades también afectó al ministerio hispano. Por supuesto, la crisis ha tocado más directamente a las víctimas hispanas y a sus familias, como ha afectado a otros católicos y sacerdotes latinos que estaban entre los agresores. Los líderes del ministerio hispano también consideran que la crisis es otro obstáculo para nutrir la presencia hispana en el Catolicismo de Estados Unidos: la pérdida de credibilidad de los obispos debilita su autoridad moral y su influencia política en temas como la reforma migratoria. Muchos indocumentados latinos, temiendo que la revisión de antecedentes lleve al gobierno a conocer su paradero, abandonaron los ministerios en las parroquias cuando las diócesis implementaron controles sobre sus empleados y voluntarios. Los acuerdos y compensaciones a las víctimas de abusos sexuales actualmente suman más de $2000 millones de dólares a nivel nacional. Esta hecatombe financiera conllevó la disminución de recursos que los líderes de la Iglesia destinaban a organizaciones y ministerios hispanos en las diócesis y parroquias.

Las repercusiones de la crisis de abusos sexuales son parte de una causa mayor del declive de las estructuras de apoyo para el ministerio hispano: la falta de fondos. Por lo general, en la historia del Catolicismo de Estados Unidos, cada grupo de inmigrantes conseguía sus propios fondos, sin excluir el apoyo de aquellos que se encontraban en el país de origen. Pero durante la década de los setenta y de los ochenta, muchas organizaciones hispanas recibían fondos de los obispos o del *American Board of Catholic Missions*. La falta de un modelo de financiamiento autosuficiente dejó a estos grupos sin recursos, cuando aquella fuente principal cesó. Un fuerte liderazgo como el de la Hna. María Elena González, RSM, ofreció cierta estabilidad: durante su gestión como presidenta del MACC, la Hna. González reunió seis millones de dólares y construyó un nuevo edificio para formación pastoral. Sin embargo, tales éxitos de financiamiento son más una excepción que una regla.

Se ha dicho que el tamaño de la población latinocatólica es desproporcionada para los recursos que se dedican al ministerio hispano. La desigual distribución de ayudas ha estado presente en los presupuestos de obispos y administradores de la Iglesia. Sus esfuerzos se hacen más difíciles por los crecientes costos de manutención de edificios antiguos, el declive en el número de clérigos y muchas menos religiosas que hasta hace poco habían llevado sobre sus hombros el peso de la educación católica, la atención en hospitales y servicios sociales de bajo costo. Los obispos han establecido fundaciones y colectas anuales para apoyar ministerios con fondos insuficientes, entre ellos el ministerio hispano. Las campañas de servicio han incrementado la generosidad de los latinocatólicos solo en algunos lugares. Hay parroquias más prósperas que se hermanan con comunidades pobres, compartiendo recursos económicos. Pero tales esfuerzos se encuentran siempre con el problema de que los donadores se inclinan a dar más generosamente a causas cercanas a su casa, como es evidente en las diócesis donde las nuevas parroquias y escuelas se construyen en zonas suburbanas más ricas, mientras las otras que se encuentran en zonas dentro de la ciudad más pobres se cierran. La inclinación de la gente a dar dinero a proyectos cercanos a ellos hace más difícil distribuir los recursos en la diócesis. Esto es algo que también puede disuadir a los encargados de recolectar más fondos para iniciativas como el ministerio hispano, el cual puede suscitar problemas, especialmente si los bienhechores perciben que el apoyo a tales iniciativas va en detrimento de otro ministerio que beneficia a su familia o parroquia.

Actualmente, incluso organizaciones con una amplia base de donadores están atravesando por momentos de estrechez. Allan Figueroa Deck fundó el NCCHM en 1991. Entre las razones para crearlo estaba "el que los obispos se hubieran negado a otorgar fondos para la puesta en marcha del Plan Pastoral Nacional de Ministerio Hispano de 1987". Expresando su preocupación por que "la voz de los hispanos no es escuchada en la esfera pública y ni siquiera en los consejos de la Iglesia de acuerdo con lo que sus números merecen", los líderes del NCCHM afirmaban que ahora "las organizaciones católicas de hispanos tienen una organización nacional que funciona como paraguas, independiente de los obispos y que quiere ser un puente entre el liderazgo hispano 'secular' y los líderes vinculados con la Iglesia". Las ayudas provenientes de fuentes no católicas fueron esenciales para el éxito del NCCHM, entre ellos la convocación de congresos nacionales de líderes hispanos, que sirvieron como fuente de unidad para organizaciones involucradas en el ministerio hispano. Aun así, de acuerdo con un reporte del NCCHM de 2008, "a causa de la precaria situación financiera" la organización no tenía un director ejecutivo y un asistente de administración por primera vez desde su fundación. El actual presidente y su equipo de directores siguen trabajando como voluntarios por cumplir la contraída agenda del NCCHM.

La falta de fondos llevó a las oficinas regionales del ministerio hispano a cerrar algunos años después del Plan Pastoral Nacional de 1987. La recaudación de fondos es muy escasa en las organizaciones nacionales de católicos hispanos. La organización nacional para la catequesis ya no trabaja más con hispanos y otras organizaciones están en peligro de hacer lo mismo. Algunas organizaciones nacionales han mostrado un deseo alentador de incorporar a sus filas líderes hispanos, pero tales colaboraciones no están muy extendidas. Líderes como Ken Johnson-Mondragón dicen que "una consecuencia no buscada por la creación de organizaciones nacionales para ministerios de una etnia particular, ha sido que los líderes nacionales de estos grupos culturales dedican la mayor parte de su tiempo disponible y de sus recursos a sus propias organizaciones" y "muy pocas" han trabajado por "construir puentes con el grueso de las organizaciones nacionales".

La frustración de los líderes hispanos por la incorporación del Secretariado de Asuntos Hispanos al de Diversidad Cultural refleja su convicción de que este cambio en la estructura es indicativo del declive en la infraestructura organizacional del ministerio hispano. Allan Figueroa Deck lanzó una iniciativa para tener una serie de reuniones a nivel nacional con líderes del ministerio hispano con el objetivo de fortalecer las estructuras nacionales y regionales. Una meta es reunir dinero o crear un fondo nacional para apoyar a esas estructuras y cubrir los gastos para la preparación de líderes católicos hispanos. Unos simposios tenidos en la Universidad de Georgetown y en el Boston College sugieren que otro recurso es una mayor colaboración con las cerca de 250 instituciones católicas de educación superior que hay en Estados Unidos. Su salud fiscal que es relativamente buena, las convierte en socios estratégicos potenciales. Fundaciones como el *Lilly Endowment* y el Instituto Louisville, sus equivalentes católicos como el *Our Sunday Visitor Institute* y editoriales como *William H. Sadlier* han apoyado generosamente iniciativas de catequesis hispana, evangelización y formación de ministros, y podrían ser aliados en los esfuerzos para recuperar estructuras de apoyo al ministerio hispano.

A no ser que pase algo extraordinario, sin embargo, el debilitamiento de las estructuras nacionales y regionales que los participantes del Encuentro construyeron parece ser algo irreversible, al menos por lo que ve a los niveles de financiamiento que permitieron pagar directores y equipos. Así, un reto que los líderes del ministerio hispano deben afrontar es entablar una discusión franca sobre cuál de las actuales estructuras es más esencial para apoyar los ministerios locales. ¿Deberán concentrarse en organizaciones con una conocida trayectoria de éxito para que sirvan como catalizadores en una región, como el SEPI en el Sureste? ¿Deberá darse prioridad a organizaciones que cuentan con fuertes vínculos con ministerios locales, como la Asociación Nacional Católica de Directores Diocesanos para el Ministerio Hispano (NCADDHM, por sus siglas en inglés), cuyos miembros tienen una influencia directa en las diócesis en que trabajan? ¿Deberán los líderes latinos concentrarse en trabajar con las principales organizaciones ya existentes, que cuentan con mecanismos de financiamiento más estables como la *National Conference for Catechetical Leadership – Federation for Catechesis with Hispanics*, trabajando por atender las preocupaciones de los hispanos mientras favorecen vínculos de colaboración vitales? La forma en que los líderes del ministerio hispano aborden estas preguntas y decisiones estratégicas, determinará cuán efectivas serán las estructuras de apoyo que podrán mantener en el futuro.

La visión pastoral de los encuentros

Las iniciativas del ministerio hispano, a nivel nacional y regional, surgieron al conjuntarse la fe de los latinocatólicos y su compromiso con los mecanismos de cambio social prevalentes en Estados Unidos durante la lucha por los derechos civiles. Desde el Primer Encuentro, los esfuerzos de quienes promovían el ministerio hispano reflejaban su intención de promover estructuras dentro de la Iglesia para ayudar a los latinos y para construir lazos comunes de fe con los demás católicos. Los hispanos que jugaron un importante papel en el Encuentro 2000, hablaron mucho de este último esfuerzo, organizando este proceso nacional. En palabras de *Encuentro y misión*, esa "fue la primera vez que la Iglesia en Estados Unidos se reunía para reconocer, afirmar, y celebrar la diversidad cultural y racial de sus miembros". Otros líderes del ministerio hispano opinan que el Encuentro 2000, sin darse cuenta, contribuyó al debilitamiento de las iniciativas del ministerio hispano, pues al hacer hincapié en la rica diversidad cultural del Catolicismo en Estados Unidos, justificó que las oficinas de ministerio racial o étnico se convirtieran en multiculturales. Si bien el Encuentro 2000 es un hito en los intentos de los hispanocatólicos por promover la unidad eclesial en la diversidad, las expectativas de quienes promueven el ministerio hispano aún no han sido cumplidas.

Los análisis de los Encuentros deben examinar los documentos y estructuras que estos dieron a luz, pero también es verdad que los Encuentros fueron ante todo eventos. Ningún documento conclusivo puede captar completamente el sentir y la solidaridad entre los líderes hispanos que se reúnen por primera vez a nivel nacional, el poder de ese ambiente para estimular la creatividad pastoral y teológica, y el entusiasmo con que se llenan los participantes para formar un solo frente ante sus experiencias de injusticia. Como Pablo Sedillo explicaba "algunas personas que vienen a los Encuentros conducen toda la noche para llegar aquí. Sentí que la historia se estaba escribiendo justo ante mis ojos. El interés de la gente, escuchar sus corazones, sus luchas, enriqueció mi vida inmensamente y yo creo que la vida de muchos otros también". Con seguridad el legado más importante de los Encuentros está en haber formado a varios miles de líderes que se han dedicado al ministerio hispano. Edgard Beltrán está convencido de que "mientras Medellín produjo más documentos con gran influjo, la grandeza de los Encuentros estuvo en que involucró realmente a todos, incluyendo a los católicos de a pie. Este proceso que abarcaba a todo tipo de católicos infundió en la gente la conciencia de su identidad hispana, una integración más profunda con la vida de la Iglesia y una organización que provenía de una comunidad hispanocatólica más unida". Muchos líderes aseguran que los Encuentros son el mejor lugar para adquirir una conciencia de contar con una meta común, la cual nace de una historia compartida –lo que *Encuentro y misión* llama una memoria histórica común– que ha unido a católicos de México, Puerto Rico, Cuba y de otros países hispanos en iniciativas y organizaciones para hispanocatólicos.

Junto con los esfuerzos, durante seis décadas, de los obispos de Estados Unidos, el reconocimiento y respeto ganados por los Encuentros hacia la presencia de los hispanos en el país alimentó el celo apostólico por el ministerio hispano y abogó por que se destinaran más recursos y personal a esta tarea. Como varios líderes lo han mencionado, entre ellos Mons. Arturo Cepeda, los Encuentros han ayudado a muchos hispanos a asumir de lleno "su misión dentro de la Iglesia en Estados Unidos". Los Encuentros y las declaraciones de los obispos sobre el ministerio hispano son los medios más visibles que han permitido a los hispanos tener diálogos y debates acerca de la renovación del Catolicismo en Estados Unidos desde el Concilio Vaticano II. Apoyándose en las enseñanzas del Concilio, en las Conferencias de Obispos Latinoamericanos de Medellín y Puebla, y en las enseñanzas de los Papas Pablo VI y Juan Pablo II, los líderes hispanos propusieron la doctrina central desde el punto de vista pastoral y teológico para dar un mayor impulso al ministerio hispano y a la vida de la Iglesia. Dicha doctrina propone el respeto por las diversas lenguas, culturas y tradiciones como parte de la belleza presente en la Creación de Dios; el compromiso con la evangelización y la justicia como parte constitutiva de la misión de la Iglesia de proclamar a

Jesucristo; la urgencia de apoyar y promover el liderazgo entre los grupos marginados como trabajadores del campo, mujeres, jóvenes y en sí toda la población hispana; y la llamada a transformar la propia vida así como las culturas, la sociedad y las dinámicas internas de la Iglesia. Detrás de estas convicciones se encuentra una concepción de la Iglesia como cuerpo de Cristo, recogida en el documento conclusivo del Tercer Encuentro, el cual [Cristo] "se encarna y quiere caminar con el pueblo en toda su realidad cultural, política y religiosa". Esta perspectiva refleja la doctrina del Vaticano II que se encuentra en el decreto *Ad Gentes*: "La Iglesia... debe insertarse en todos estos grupos con el mismo afecto con que Cristo se unió por su encarnación a determinadas condiciones sociales y culturales de los hombres con quienes convivió". Al hacer énfasis en la Iglesia como una comunidad encargada de hacer presente a Cristo en la vida de los hombres, la visión del Encuentro sintetiza el fundamento teológico que animó a los líderes del ministerio hispano en su esfuerzo por transformar el Catolicismo de Estados Unidos a través de su planeación pastoral y de su acción.

Sin embargo, limitaciones al impulso de tales iniciativas – particularmente la disminución de iniciativas relacionadas con los derechos civiles que inspiraban algunos esfuerzos del ministerio hispano– son evidentes en el documento *Encuentro y misión* de los obispos. El Comité Episcopal para los Asuntos Hispanos convocó el Simposio Nacional para Reorganizar el Ministerio Hispano celebrado en 2001 como una forma de consulta para preparar aquel documento. Los participantes que representaban a las organizaciones hispanocatólicas y los equipos de la Conferencia Episcopal identificaron los actuales retos para el ministerio hispano que se basaban ampliamente en anteriores declaraciones de los obispos y conclusiones de los Encuentros. Sus conclusiones incluyeron la falta de personal y recursos, limitado acceso al liderazgo y a puestos de decisión, falta de eficacia para llegar a la juventud latina y proselitismo. Los participantes en el simposio abordaron realidades cambiantes como la creciente complejidad de la población hispana de Estados Unidos, sobre todo por los saltos generacionales. Pero una de las mayores preocupaciones presentadas fue que la agenda de los Encuentros y del Plan Pastoral Nacional para el Ministerio Hispano no era conocida por todos. Un reto que los participantes identificaron fue que "un estudio de los obispos y de los directores diocesanos del ministerio hispano mostró que, si bien el Plan Pastoral existe desde 1987, pocos ministros fuera del ministerio hispano habían oído hablar de él o raramente realizaban planeación pastoral en colaboración con el ministerio hispano". Virgilio Elizondo expresa la convicción de muchos líderes acerca de sus esfuerzos por impulsar el ministerio hispano: "cuando veo todo lo que se ha hecho desde el Primer Encuentro, me parece que no es menos que un milagro. Pero cuando veo todo lo que queda por hacer, siento miedo".

El actual trabajo pastoral con los latinos en diócesis, parroquias y movimientos apostólicos es fruto de los esfuerzos de aquellos que promovieron el ministerio hispano en la época de los Encuentros. Las estadísticas actuales de la Conferencia Episcopal muestran que más del ochenta por ciento de las diócesis de Estados Unidos tiene personal diocesano asignado para coordinar el ministerio hispano. Un estudio del Centro para la Investigación Aplicada al Apostolado (CARA, por sus siglas en inglés), hecho en 2002, encontró que lo más importante para estas diócesis es capacitar en el liderazgo para el ministerio hispano y en la colaboración con otras oficinas diocesanas, así como con agencias locales de servicio a los latinos. Más recientemente, a través de la NCADDHM, los directores diocesanos han presentado a los obispos de Estados Unidos sus "preocupaciones relacionadas con el cierre de oficinas para el Ministerio Hispano, o que éstas fueran ubicadas bajo la dirección de oficinas de ministerios de oficinas multiculturales" y advierten "que mientras la presencia hispana seguía creciendo y demandando una más fuerte respuesta pastoral, el personal diocesano y/o los recursos del Ministerio Hispano estaban decreciendo en algunas archidiócesis/diócesis". Los directores anotan que sus presupuestos están entre los primeros en ser cortados o eliminados cuando los oficiales de la Iglesia hacen reestructuraciones o recortes de personal. Los líderes hispanos también lamentan lo que ellos perciben como una concepción dominante de que el ministerio hispano es "un ministerio especializado, separado de la misión de la diócesis o de la parroquia" y que los católicos hispanos "son responsabilidad exclusiva de la oficina para el ministerio hispano". A pesar de estas deficiencias, el ministerio hispano a nivel diocesano es el más frecuente a cualquier nivel de la Iglesia. Dadas las presiones, incluso mayores, a organizaciones nacionales y regionales, actualmente el centro de gravedad del ministerio hispano está más en las diócesis y en sus comunidades locales de lo que solía estar desde el Primer Encuentro. El liderazgo, la cercanía con los latinos de a pie y el potencial evangelizador de estas comunidades las convierten en uno de los principales recursos para el futuro del ministerio hispano.

CAPÍTULO 4

Parroquias y movimientos apostólicos

Cuatro años después de que Fidel Castro llegara al poder en Cuba, en 1959, el P. Emilio Vallina y otros cubanos exiliados establecieron la comunidad de San Juan Bosco en un terreno abandonado donde antes había habido un lote de coches. El terreno se encontraba en el distrito de *Little Havana* de Miami. El P. Vallina dejó Cuba cuando "Castro comenzó a perseguir a la Iglesia" e incitaba "a la turba [la cual] entraba a las iglesias y golpeaba a los fieles y a los sacerdotes". En su tierra natal, el P. Vallina había celebrado Misa en el santuario de Jesús Nazareno en Arroyo Arenas, un barrio de obreros de La Habana. En San Juan Bosco consagró una réplica de aquella estatua de Jesús del Nazareno donada por otros exiliados originarios de Arroyo Arenas. Las actividades ministeriales incluían programas para llegar a los ancianos, un banco de crédito y la escuela cívico religiosa donde los niños cubanos aprendían la lengua y legado de sus antepasados. San Juan Bosco ofreció oportunidades a los cubanos para "reunirse y pedir a Dios aquello que los hombres no han podido hacer, es decir, liberar su tierra natal", como la Misa que reunió a veteranos de la fallida invasión de la Bahía de Cochinos en 1961 para rezar por aquellos que murieron en aquel intento por derrocar a Castro. Los nicaragüenses que escaparon de la violencia de la revolución en su tierra, se unieron a los fieles cubanos al inicio de los 80. Emigrantes hispanos de otras naciones de América latina se han unido también a la parroquia, que hoy en día sigue siendo un vibrante centro del Catolicismo hispano, especialmente cubano. La atracción que sienten los latinos por parroquias como San Juan Bosco es semejante a su entusiasmo por los movimientos apostólicos. Los miembros de estos grupos se dedican a la oración en común, a formarse en su fe y a actividades de evangelización, a menudo en comunidades más pequeñas que despiertan un sentido de pertenencia más fuerte que el de las grandes parroquias. Aunque son muchos más los católicos que se sienten atraídos por grupos evangélicos y pentecostales que viceversa, el dinamismo de los movimientos apostólicos puede verse en el número de católicos que participan en ellos. Elisabeth Román, una puertorriqueña de Chicago, creció en una familia estrictamente pentecostal y siempre se le habló de los grandes males del Catolicismo. Al pasar por un momento de crisis personal y faltándole un hogar espiritual, después de veinte años sin acudir a la Iglesia, aceptó la invitación de un amigo para asistir a una Misa en una parroquia imbuida del espíritu de la Renovación Carismática Católica (RCC), un grupo apostólico centrado en los dones y el poder del Espíritu Santo que busca renovar la fe cristiana a través de la vida comunitaria, la oración, la predicación, ministerios de sanación y evangelización. Elisabeth siguió acudiendo a la Misa carismática. Impresionada por la fe de la comunidad, la paz interior que encontró y el que nadie la presionara para que se hiciera católica, decidió prepararse para ser recibida en la Iglesia Católica, superando la fuerte oposición de su familia. Elisabeth llega a la conclusión de que "para los hispanos, que deben vivir entre dos culturas, el Catolicismo carismático puede ofrecerles lo mejor de dos mundos: participación en los sacramentos y una forma de culto más personal y más viva, que es el corazón de nuestra experiencia religiosa".

Sorpresivamente, las conclusiones de los tres Encuentros Nacionales de Pastoral Hispana dicen poco acerca de las pequeñas comunidades de fe y de cómo estas se relacionan con las parroquias. Aún no es claro si ciertos pasajes en los documentos de los Encuentros acerca de las comunidades básicas deberían incluir al número cada vez mayor de pequeños grupos de oración, formación en la fe y trabajos apostólicos como los de la RCC. Los teólogos latinoamericanos y los líderes pastorales hicieron hincapié en que las comunidades eclesiales de base no son otro movimiento apostólico, sino una unidad estructural de la vida de la Iglesia igual que el estatus de una parroquia en el Catolicismo americano. Los obispos de Estados

Unidos estuvieron de acuerdo con esto en su carta sobre el ministerio hispano, viendo a estas comunidades como "el primer núcleo fundamental eclesial" que había "aparecido en esencia como un rayo de esperanza para afrontar situaciones inhumanas que pueden destruir moralmente a las personas y debilitar su fe". Cuatro años más tarde, el Plan Pastoral Nacional para el Ministerio Hispano incluyó un pequeño, pero significativo, cambio refiriéndose a "pequeñas comunidades eclesiales".

Si bien los obispos nunca dijeron la razón por la que dejaron de usar el término "comunidades eclesiales de base", el cambio en el lenguaje reflejó el temor de que estas comunidades fueran percibidas como realidades independientes o sustitutivas de la autoridad jerárquica y de las estructuras diocesanas o parroquiales, o como grupos formados para provocar el cambio político a través de la organización de personas marginadas que formaban parte de la "base" de la sociedad. En una declaración pastoral de 1990, el Comité Episcopal para los Asuntos Hispanos manifestó que el valor de las pequeñas comunidades eclesiales "se apoya en la experiencia personal del amor de Cristo que ellas pueden comunicar... Si se las entiende y promueve de este modo, no hay por qué temer que las pequeñas comunidades vayan a estar en conflicto con la comunidad de la parroquia, con las diócesis y con la Iglesia universal". El Comité entonces preparó *Orientaciones para obispos y agentes de pastoral sobre pequeñas comunidades eclesiales*, para guiar los esfuerzos pastorales hacia "preservar y fortalecer la identidad católica de estas comunidades".

Los promotores de las comunidades eclesiales básicas argumentaron que los temores de la división eclesial eran infundados y que la nueva terminología no alteró la auto comprensión de aquellos que se involucran en estas comunidades. Pocos líderes del ministerio hispano hicieron contribuciones tan significativas al concepto de las comunidades eclesiales de base como Edgard Beltrán, quien organizó talleres para promover las comunidades de base cuando estuvo en el Secretariado para los Asuntos Hispanos en los años setenta. La Hermana Ninfa Garza, Misionera de Jesús, estableció

500 comunidades en la diócesis de Brownsville, Texas, utilizando el modelo latinoamericano, mientras que el sacerdote brasileño José Marins organizó talleres en el MACC para extender las comunidades de base en Estados Unidos. No sabemos si estas comunidades pueden llevar a cabo una reestructuración fundamental y "un nuevo modo de ser Iglesia"; sí sabemos, en cambio, que una reestructuración a gran escala basada en comunidades eclesiales de base nunca ha ocurrido en la Iglesia de Estados Unidos.

El Plan Pastoral Nacional de los Obispos declaró: "La comunidad hispana reconoce que la parroquia es, histórica y eclesiásticamente, la unidad básica de organización de la Iglesia en los Estados Unidos". Aun sin proponer a las comunidades de base como un camino para reestructurar la vida católica, los obispos añadieron que "al mismo tiempo, se afirma que la conversión y el sentido de ser Iglesia se viven mejor en pequeñas comunidades, dentro de la parroquia, que son más personales y hacen a uno sentirse más parte de ella". Los obispos animaron al desarrollo de "muchos movimientos apostólicos y organizaciones eclesiales" que "por tradición, han servido para unir a los feligreses en pequeñas comunidades con fines diversos". Afirman que las pequeñas comunidades eclesiales son, en una definición curiosamente muy similar a la de las parroquias y los movimientos apostólicos, "pequeños grupos de fieles organizados para relacionarse personal y comunitariamente de manera más intensa y para una mayor participación en la vida y la misión de la Iglesia".

El plan pastoral de los obispos ofreció algunas recomendaciones para impulsar y coordinar los ministerios hispanos locales. Promovieron una visión de la parroquia como una "comunidad de comunidades", una red unificada de movimientos apostólicos y otros pequeños grupos comunitarios que promueven la fe y los esfuerzos de evangelización de miembros de la comunidad parroquial. Exhortaron al clero y a los líderes a promover una mayor colaboración entre los movimientos apostólicos y las pequeñas comunidades eclesiales, reconociendo que estos grupos algunas veces trabajan de forma aislada o animados por un erróneo espíritu de competencia.

Animaron a los líderes del ministerio hispano a estimular el potencial evangelizador de estos grupos, cuyos miembros a menudo viven y trabajan en gran cercanía con los hispanos comunes. Encomendaron al personal diocesano y de los institutos de pastoral formar líderes para el ministerio hispano en todas las estructuras de la Iglesia local, desde iniciativas diocesanas hasta pequeñas comunidades eclesiales.

Los obispos subrayan que el epicentro del Catolicismo hispano y de sus ministerios es el hogar y la familia extensa, los movimientos apostólicos y otras pequeñas comunidades eclesiales, y la parroquia. Más de una cuarta parte de las 18,280 parroquias católicas que hay en Estados Unidos, tienen ministerios hispanos que van desde la Misa en español hasta ministerios fuera de la parroquia, una cantidad considerable aunque aún insuficiente si se toma en cuenta que el treinta y cinco por ciento de la población católica de Estados Unidos es hispana. Un estudio de los años noventa identificó 7,500 pequeñas comunidades cristianas que eran casi completamente hispanas, cerca del treinta por ciento del número total en Estados Unidos. Dado que ha pasado más de una década desde que se hizo este estudio y que se hizo teniendo en cuenta casi solo a los mexicoamericanos, y el hecho de que los movimientos apostólicos no eran considerados pequeñas comunidades cristianas, el número final de asociaciones apostólicas hispanas, grupos de oración y pequeñas comunidades es, por mucho, más grande en la actualidad. Entender los retos que las parroquias y los movimientos apostólicos enfrentan, las fortalezas y debilidades de estas comunidades locales y los esfuerzos por hacerlas más eficaces en su labor es un punto de suma importancia para evaluar la forma en que los hispanos, el Catolicismo de Estados Unidos y las tendencias religiosas actuales se modifican recíprocamente.

Desafíos de la fe católica

Los latinos y los líderes que trabajan con ellos en ministerios hispanos con católicos de a pie, encuentran numerosas dificultades. La mayoría de ellas tienen que ver con comunidades hispanas de trabajadores que tienen problemas como falta de oportunidades, fracaso escolar, abuso de drogas y alcohol, violencia, embarazos de adolescentes, pobreza, estatus de indocumentado, poco cuidado de la salud y presión por mantener a la familia unida así como por lograr el bienestar personal. Quienes trabajan en el ministerio hispano, sin embargo, han lamentado que el crecimiento de los Pentecostales y Evangélicos es el más grande de los obstáculos cuando tratan de preservar la fe de los inmigrantes. Por lo menos igualmente importante está la necesidad de fortalecer la fe entre los jóvenes latinos, dado que cada vez están más inmersos en la sociedad plural de Estados Unidos con un mayor abanico de opciones religiosas, incluyendo la posibilidad de no tener religión.

Un estudio realizado por el P. Andrew Greeley, al final de los años ochenta, mostró que 60,000 hispanos en Estados Unidos "dejaron" el Catolicismo cada año. Su investigación y otros estudios como el *National Survey of Latinos* de 2002 y el *Pew Latino Religion Survey* revelan que el identificarse como protestantes varía en los diversos grupos hispanos, siendo los puertorriqueños, salvadoreños y otros provenientes de Centroamérica los que más se reconocen así; los mexicanos étnicos son los que menos. Una década después de su primer estudio, Greeley aseguraba que la situación había empeorado, observando que la pérdida anual de latinos es la mitad del uno por ciento.

La conclusión de Greeley de que la partida de los latinos es "la peor defección en la historia de la Iglesia Católica en Estados Unidos" necesita ser examinada en comparación con el estudio del *Pew Forum on Religion and Public Life* (PFRPL), realizado en 2001. Este encontró que el diez por ciento de todos los residentes en Estados Unidos había crecido y sido educado como católico, pero que no se consideraba a sí mismos como católico, una pérdida de una tercera parte de los fieles católicos en edad adulta. Un reporte del CARA confirmó que, según un estudio de 2003, un setenta por ciento de los que se identifican a sí mismos como antiguos católicos son euroamericanos; mientras que un veinte por ciento son latinos. El estudio "La fe importa" de 2006 reveló que la tasa de deserción entre los anglocatólicos es el doble de la de los latinocatólicos. De este modo, los patrones de afiliación de los hispanos reflejan el tradicional pluralismo y voluntarismo característicos de la religión en Estados Unidos, así como una tendencia a alejarse de la lealtad a una denominación y optar por una cultura religiosa de elecciones propias. Sin embargo, Greeley y otros han señalado correctamente el fenómeno de los latinos que dejan el Catolicismo como un inmenso problema pastoral.

La mayor parte de los latinos en Estados Unidos que dejan el Catolicismo Romano han abrazado el protestantismo en sus formas Pentecostal y Evangélica. Estas comunidades van desde iglesias que cuentan con una estricta disciplina en cuanto a la pertenencia a ellas, hasta aquellas otras que acentúan la "prosperidad evangélica" y su creencia de que Dios recompensa a los fieles con bendiciones materiales. Las últimas atraen a muchos latinos. Los líderes del ministerio hispano católico sostienen que los hispanos más inclinados a dejar el Catolicismo por este tipo de iglesias protestantes son los que han logrado ascender a la clase media. Estas iglesias les ofrecen "justificación y celebración por su escalada social" y "terapias personales que tienen que ver con su familia y sus problemas en el trabajo".

Los inmigrantes hispanos pobres y que pertenecen a la clase trabajadora han pasado a las iglesias Pentecostales y Evangélicas en números aún mayores. Algunos inmigrantes no son conscientes de las diferencias entre las denominaciones y no se dan cuenta de que están en una comunidad protestante. El efecto desorientador de la inmigración también hace más difícil que los mayores transmitan su tradición de fe a los jóvenes y hace a todos más abiertos a nuevas experiencias religiosas. El contacto personal que encuentran en comunidades de fe relativamente más pequeñas dirigidas por pentecostales o evangélicos los atrae mucho. Un informe de los miembros del Programa para el Análisis de la Religión entre los Latinos (PARAL) mostró que mientras más de la tercera parte de las comunidades de fe latinocatólicas tienen más de mil fieles y apenas el cinco por ciento menos de cien, la mitad de las comunidades protestantes de latinos tienen menos de cien miembros y solo el uno por ciento más de mil. Se invita a los recién llegados a participar en la comunidad, en su trabajo misionero y en la predicación. Las enseñanzas van desde la vida en el más allá hasta códigos morales para la vida cotidiana que han reordenado las vidas de muchos latinos. Algunos dan testimonio de que en su nueva iglesia, Dios los ha curado de la adicción a las drogas, del alcoholismo, de la infidelidad matrimonial, de la depresión y de otros males.

Como algunos líderes del ministerio hispano han observado, la Iglesia Católica es una Iglesia jerárquica con una larga historia e instituciones bien establecidas en Estados Unidos, las cuales a menudo la hacen entrar en un estado inercial, algo que empeora aún más por la falta de sacerdotes y recursos económicos. Mientras en promedio un pastor evangélico o pentecostal latino gasta tiempo considerable tratando de consolidar una comunidad a menudo recién establecida, en promedio el trabajo de un párroco consiste en mantener a su rebaño existente o a sus rebaños, dado que cada vez son más los sacerdotes que se encargan de más de una parroquia. Los esfuerzos de evangelización de laicos no están tan profundamente enraizados en la psique católica y no están tan extendidos entre los latinocatólicos como entre los protestantes. Movimientos como Misioneros de la Palabra de Dios y sitios de internet como "Católico, defiende tu fe cristiana" promueven la apologética católica y tratan de proteger a los católicos del proselitismo. Aun así, muchos líderes del ministerio hispano dicen que los evangelizadores protestantes "nos están comiendo vivos, simplemente porque nosotros no conocemos la Biblia y, cuando ellos nos la citan, nos quedamos confundidos y no sabemos cómo responder para defender nuestra fe".

Además, las colaboraciones ecuménicas interreligiosas que se han incrementado notablemente en el Catolicismo de Estados Unidos después del Concilio Vaticano II son, por mucho, más influyentes entre los líderes hispanos que entre los creyentes ordinarios. De hecho, en un nivel pastoral de gente ordinaria son comunes incluso las mutuas descalificaciones. Los líderes católicos han dibujado a los Pentecostales y a los Evangélicos como anticatólicos, "ladrones de ovejas"; los han etiquetado como sectas; y los han acusado de traicionar su herencia católica hispana y de ser causa de división en las familias. Sus adversarios a menudo acusan a los católicos de adorar ídolos e imágenes, promoviendo la "Mariolatría" en vez de la fe en Jesucristo; de apoyarse en la tradición de la Iglesia en vez de en la verdad de la Biblia. Mientras la "competencia religiosa" en Estados Unidos está ampliamente extendida en muchos grupos, la influencia durante mucho tiempo del Catolicismo en las familias hispanas, en sus culturas e identidades a menudo hacen más frecuentes estos conflictos entre los latinos. El reporte de PARAL reveló que el trabajo ecuménico entre latinocristianos en aspectos como el culto y el trabajo social, lo hacen menos del diez por ciento de las comunidades de fe de hispanocatólicos. Como Mons. Ricardo Ramírez CSB, ha observado, "los líderes hispanos, tanto protestantes como católico romanos, nunca se ven juntos, ni rezando, ni hablando, ni trabajando en un ministerio. Si la gente ve que no hay problema en mezclarse con los otros, entonces podría seguir nuestro ejemplo".

Los latinos que ingresan a comunidades protestantes hablan de una experiencia de Dios directa y personal como su principal motivación, como dijo el noventa por ciento de los que respondieron al estudio de religión realizado por el *Pew Latino Religion Survey*. Se ven a sí mismos como cristianos llevados a una fe más profunda y no como desertores. Así vienen a hacer más fuerte la tendencia de los buscadores espirituales que ha caracterizado la religiosidad de Estados Unidos. Aun así, las estructuras y el tipo de comunidades protestantes que atrae a los latinos, tiene claros paralelismos con parroquias étnicas exitosas, las cuales ofrecen un fuerte sentido de familia y compañerismo, tienen párrocos de animadores que hablan español, están formadas por una comunidad predominantemente hispana y cuentan con servicios de culto en que los latinos pueden orar y cantar en su propia lengua y estilo cultural. El culto animado es particularmente importante. De acuerdo con la encuesta *Pew*, más del 60% de los latinoevangélicos que antes eran católicos, encuentran el culto de la Misa poco animado y más de un tercio dijo que había cambiado de denominación principalmente por eso.

Así, los elementos más eficaces de los ministerios hispanos, ya sea católico, pentecostal o evangélico son fundamentalmente los mismos: culto animado; sentido de comunidad y pertenencia; y evitar la masificación. Esto cuenta para el frecuente antagonismo entre los líderes de estos grupos, quienes compiten por ganar adeptos e imitar las mejores estrategias pastorales del otro. Una diferencia fundamental es la reticencia de algunos católicos de Estados Unidos y de sus líderes a promover las parroquias y los ministerios para hispanos étnicos. Además, a los evangélicos y pentecostales les ha dado muy buenos resultados el contar con más comunidades de fe pequeñas, buena organización y la iniciativa de un pastor en el seno de una comunidad que es totalmente hispana. Todo ello les ha ayudado a multiplicar sus comunidades, desplegando esa apasionada actitud pastoral que tanto atrae a los latinos.

No es claro cuántos de los hispanos "convertidos" permanecen en los grupos pentecostales y evangélicos. Algunos latinos pertenecen simultáneamente a más de un grupo, acudiendo a la asamblea protestante para los servicios del domingo, pero celebrando bautizos, funerales y otros eventos en la parroquia católica. Otros latinos se comportan como muchos buscadores religiosos de Estados Unidos: una vez que abandonan la afiliación religiosa de su niñez, su tendencia a cambiar de denominación se incrementa. El reporte de PARAL encontró que entre los líderes laicos de iglesias que han cambiado de denominación, el 61% lo ha hecho más de una vez. Y algunos hispanos que han dejado la grey católica regresan. De acuerdo con un estudio del año 2000 dirigido por *Hispanic Churches in American Public Life* (HCAPL), aunque 700,000 latinos en Estados Unidos volvieron o se convirtieron al Catolicismo, el número de los que lo abandonan es cuatro veces mayor. No es probable que este goteo vaya a disminuir pronto.

No todos los que dejan el Catolicismo van a comunidades protestantes. El estudio de HCAPL reveló que el tres por ciento de los latinos en Estados Unidos pertenece a religiones "alternativas cristianas", principalmente Testigos de Jehová y Mormones, mientras otro uno por ciento se une a otra religión que no es el Cristianismo. Los datos del estudio *American Religious Identification Survey* (ARIS) reveló que el porcentaje de hispanos en Estados Unidos que se reconoce no religioso se duplicó al trece por ciento en la década de los noventa, un dato paralelo al de la población en general. Los sociólogos señalan la antigüedad de los que ellos llaman los "ningunos" (*nones* en inglés, *ndt*), que van desde los ateos declarados hasta los que creen que la pertenencia formal a una comunidad es necesaria para declarar una afiliación religiosa en un cuestionario. Aunque los estudios coinciden en que el número de latinos que se dice ser ateo es mínimo, ningún estudio ha ofrecido un detallado desglose de la forma de razonar de aquellos que dicen no tener afiliación religiosa.

El estudio de ARIS de 2008 mostró que "las tendencias sociales como una mayor suburbanización, más educación y una mayor americanización" llevan a un mayor número de latinos que no están afiliados a ninguna religión o que cambian de religión más fácilmente. Otro estudio sobre los evangélicos y la "apostasía" en México encontró que cerca de la mitad de los adultos de la segunda generación después de que sus padres cambiaron del Catolicismo a los evangélicos no siguieron practicando esa fe y la mayoría dijo que su participación dentro de cualquier denominación religiosa fue menos de una vez al mes. Los pentecostales mostraron "la tasa más alta de abandono". Este estudio concuerda con otros, los cuales muestran que una vez que una persona abandona una religión establecida, profesada por su familia, la posibilidad de abandono de una asociación religiosa formal se incrementa.

En resumen, el estado actual de la demografía de los latinocatólicos es lo que el sociólogo Anthony Stevens-Arroyo ha llamado un fenómeno de "disminuimos mientras crecemos": aunque el porcentaje de latinos que son católicos desciende, el porcentaje de latinos católicos en relación con toda la población católica sigue creciendo. Desde 1990 el número de latinos que se identifican a sí mismos como católicos ha decrecido del sesenta al setenta por ciento, aquellos que dicen no tener religión pasaron del ocho al trece por ciento y los protestantes latinos permanecieron sin variación, quedando entre veinte y veintitrés por ciento; un pequeño porcentaje de latinos se unió a otras religiones. Aun así, todas las categorías se han incrementado en números absolutos debido a los flujos ininterrumpidos de inmigración y por las relativamente altas tasas de natalidad.

Los medios de comunicación y la percepción pública han acentuado el considerable número de latinocatólicos que se hacen pentecostales o evangélicos. Menos frecuente es el conocimiento de estudios recientes los cuales han revelado que el porcentaje de latinos afiliado a estos grupos se estabiliza con el paso de las generaciones después del cambio inicial. Otra tendencia demográfica que no se conoce suficientemente es el creciente número de latinos que se identifican a sí mismos como gente que no pertenece formalmente a ninguna religión tradicional. Así, los líderes católicos del ministerio hispano afrontan más retos que el de la competencia de los protestantes; también deben convencer a los latinos, que viven en una cultura donde todo se escoge, que la fe católica es un compromiso esencial de vida. Sin latinocatólicos comprometidos y comunidades de fe la influencia del Catolicismo en la vida cotidiana de los latinos no puede ser muy grande. Promover la adhesión al Catolicismo, ya sea como adhesión a una institución, ya sea como una fe que da forma a la propia vida en lo más profundo, es una prioridad fundamental del ministerio hispano.

Movimientos apostólicos

La convicción de que la mejor forma de hacer frente a estos retos es a través de grupos más pequeños de católicos que estén comprometidos en conocer su fe y hacer apostolado no es nueva en el Continente Americano. Es algo que tiene sus raíces en las cofradías establecidas en América Latina durante el período colonial. Las cofradías pedían a sus miembros que observaran los códigos de conducta del Catolicismo, recibieran los sacramentos dignamente, practicaran devociones y organizaran la celebración anual de un santo o un día de fiesta. Las asociaciones pías fueron la forma más común de una comunidad de fe pequeña en el mundo latino durante el siglo XX. Para los católicos mexicanos, los grupos de la Guadalupana dedicados a Nuestra Señora de Guadalupe están también entre los más populares. Los latinos de otra procedencia tenían sus propias asociaciones, como los exiliados cubanos al inicio de los años sesenta, cuya participación en organizaciones laicas de su tierra natal los ayudó a vivir su fe más en pequeños grupos comunitarios que en las grandes parroquias de Miami.

Los movimientos apostólicos eclipsaron a las sociedades pías como los grupos de fe primarios entre los latinos y no latinos durante la segunda mitad del siglo XX. Estos movimientos están en sintonía con el aprecio por las devociones propio del Catolicismo latino y hacen énfasis en la vida comunitaria y en la digna recepción de los sacramentos. Sin embargo, se debe tener en cuenta que, en el fondo, son consecuencia de una presión más amplia presente en Estados Unidos. Al fomentar una intensa experiencia religiosa, la transformación de la propia vida, el conocimiento de la propia fe y el fervor por evangelizar a otros, los movimientos apostólicos vienen a ser una adecuada respuesta para el competitivo ambiente religioso de Estados Unidos y para las presiones de la vida urbana moderna.

El movimiento apostólico más influyente entre los hispanos era Cursillos de Cristiandad. Un reporte del Comité de los obispos, preparado en 1999, encontró que cerca del treinta por ciento de las más de 3,500 parroquias comprometidas con el ministerio hispano, tenían actividades de Cursillos en aquel tiempo, una presencia que solamente la RCC había superado entre los movimientos apostólicos. El reporte de PARAL de 2002 confirma estos números. Según el líder del ministerio hispano de Nueva York, el P. Robert Stern, Cursillos es "un estudio-retiro de tres días denso y bien organizado que se tiene los fines de semana con un fuerte énfasis en la experiencia comunitaria". Presenta "una comprensión teológica de la vida sacramental, la madurez cristiana y las responsabilidades de un laico en la Iglesia". Los Cursillos han profundizado en la experiencia de Dios, la fe y un compromiso activo de liderazgo en la Iglesia de muchos "católicos de domingo" y ha tenido un impacto significativo en los hispanos que se sienten aislados o ajenos a su fe y vida de parroquia.

La mayor parte de un fin de semana de los Cursillos se dedica a presentaciones llamadas "rollos" sobre contenidos básicos de la fe católica como la gracia, los sacramentos, la vocación del laico y lo que los "cursillistas" consideran los pilares para una vida cristiana llena de la gracia divina: oración, estudio y acción. Los líderes que previamente hicieron un cursillo de fin de semana a menudo dan charlas, incluyendo su testimonio personal. Estos testimonios y el tener retiros de fin de semana separados para hombres y mujeres incrementa el impacto emocional, ofreciendo un ambiente que a los hombres especialmente, les permite superar la aversión a abrirse y "mostrar sus almas". Canciones, oraciones, visitas a la capilla, Misa y devociones católicas dan al fin de semana un ambiente profundamente católico. Con la última plática del cursillo, llamada "el cuarto día" se anima a los participantes a invitar a familiares, amigos y compañeros de trabajo a futuros fines de semana de Cursillos y a participar en reuniones de grupo llamadas "ultreyas" para dar continuidad a su experiencia.

Aunque los Cursillos han recibido amplio apoyo por parte de las diócesis y de los párrocos, algunos líderes del ministerio hispano critican al movimiento. Una de las críticas es que Cursillos quita a las parroquias a sus líderes laicos más activos, que prefieren trabajar en ministerios de Cursillos en vez de ayudar a la parroquia en sus necesidades. Esta crítica refleja el énfasis que se da a las parroquias en el Catolicismo de Estados Unidos, con los movimientos apostólicos valorados solo en la medida en que ayudan a la vida de la parroquia. Los párrocos se han quejado de un elitismo espiritual que lleva a la división, el cual se ve en la pretensión de que Cursillos es el mejor y único camino para relacionarse con Dios. Otra crítica, todavía más profunda, es que el cursillo de fin de semana provoca una conversión emocional, y no una conversión profunda y duradera en las dimensiones intelectual, moral, de fe y afectiva. Sus críticos sostienen que este defecto lleva a muchos "cursillistas" a buscar experiencias religiosas emocionales en sus actividades del cursillo y, cuando estas ya no les satisfacen, se apartan de su fe.

No obstante, los Cursillos siguen siendo un movimiento apostólico vibrante entre muchos latinos, tanto para aquellos que están haciendo su primer cursillo como para los que participan en los grupos de Ultreya. Posiblemente el testimonio más común de los participantes es que Cursillos les ha permitido ver su fe de otra manera pasando de una costumbre o hábito a una relación más profunda y personal con Dios en Cristo. Muchos consideran que su experiencia en Cursillos los hizo pasar de católicos nominales a participantes activos en la vida de la Iglesia.

Sin embargo, el movimiento apostólico más extendido entre los católicos latinos hoy en día es la RCC, la cual ha crecido hasta contar con 120 millones de participantes en todo el mundo. Más del sesenta por ciento son latinoamericanos, algunos de los cuales llevaron el espíritu de la RCC a Estados Unidos como inmigrantes y se convirtieron en líderes o fundadores de grupos carismáticos. Los líderes hispanos establecieron el Comité Nacional de Servicio Hispano (CNSH) en 1990 para promover la RCC y coordinar actividades entre los carismáticos hispanos. El CNSH tiene tres compromisos principales: servir a Dios en la Iglesia Católica y llevar adelante la misión de evangelización de esta última con el poder del Espíritu Santo; fomentar la experiencia de Pentecostés como una gracia del Espíritu Santo para la Iglesia; y llevar el fervor de las familias de la renovación carismática a colonias, comunidades parroquiales y a todos aquellos que tienen sed de Dios. Su reunión anual de líderes, el Encuentro Católico Carismático Latino de Estados Unidos, ofrece oportunidades para adquirir formación avanzada, establecer contactos y lograr una mayor cohesión entre los grupos latinos de la RCC.

Los miles de grupos de oración son la más amplia manifestación de la RCC entre los hispanos. Sus reuniones pueden incluir misas de sanación, testimonios de la acción de Dios en la vida de las personas, devoción mariana, declaraciones proféticas en el nombre de Dios, enseñanzas sobre la RCC u otros temas de la fe católica, adoración eucarística, meditación en silencio, don de lenguas, oraciones espontáneas de alabanza e intercesión hechas en público, lectura de la Biblia, predicación, cantos animados y culto utilizando todo el cuerpo como aplausos o levantando los brazos en alabanza. La iniciación puede incluir el bautismo en el Espíritu o "segundo bautismo" el cual, para los católicos que fueron bautizados cuando eran niños, comprende un compromiso renovado como adultos para vivir su fe con el poder del Espíritu Santo.

Los estudios reportan diversos datos sobre cuán involucrados están los latinos en los grupos de la RCC. El informe de las HCAPL de 2000 estima que 5.4 millones de latinos en Estados Unidos se identifican a sí mismos como católicos carismáticos, considerablemente más que los 3.8 millones que se auto identifican como pentecostales. El informe del Comité de los obispos, preparado en 1999, encontró que la RCC es el movimiento apostólico más grande entre los latinos, presente en más de un tercio de las parroquias comprometidas con el ministerio hispano, un dato confirmado por el reporte de PARAL de 2000. Aun así, todavía son menos de un millón de carismáticos latinos. La amplia discrepancia entre estos datos y los del estudio de las HCAPL refleja la brecha estadística entre los miembros regularmente activos en grupos parroquiales de la RCC y el otro grupo, mucho más amplio, de los que de alguna forma se identifican con la renovación carismática.

Entre los puntos más criticados de la RCC está saber si se trata o no de una forma de "pentecostalismo católico". El estudio sobre la religión del *Pew Latino* asegura que el "Renovacionismo cristiano" es una de las mayores características de la religión latina en Estados Unidos y que "los católicos hispanos practican un tipo distinto del Catolicismo" que incluye "muchas de las creencias y comportamientos asociados más comúnmente con los pentecostales o cristianos renovacionistas". De los latinocatólicos que respondieron a la entrevista, el cuarenta y cinco por ciento dijo que había recibido el bautismo en el Espíritu, la mayor parte dijo que lo había recibido cuando era niño, no dejando claro si estaban hablando del Sacramento católico del Bautismo o del bautismo de estilo pentecostal en el

Espíritu Santo. Una de las principales preguntas fue si los entrevistados se veían a sí mismos como "carismáticos". El cincuenta y cuatro por ciento de los latinocatólicos respondió afirmativamente, pero no es claro qué querían decir exactamente.

Los autores del estudio explican estos datos diciendo que aun los latinos que no se identifican a sí mismos como carismáticos "son más propensos que los católicos no latinos a reportar haber tenido o presenciado hechos sobrenaturales tales como curaciones divinas o revelaciones de Dios". Pero la creencia de los hispanos de que Dios interviene frecuentemente en la vida cotidiana y la creencia en las prácticas de curación religiosa como el curanderismo han existido desde mucho antes de la RCC. Aunque algunas prácticas de la RCC como hablar en lenguas tienen origen pentecostal, las principales fuentes para las prácticas y creencias religiosas de los latinocatólicos son católicas, especialmente el Catolicismo popular latino y los Cursillos, y otros movimientos católicos de renovación. Por supuesto, mezclar tradiciones religiosas no es algo nuevo para los latinos, cuyos antepasados latinoamericanos entretejieron elementos de las religiones ibérica, amerindia y africana. El pluralista y competitivo ambiente religioso de Estados Unidos favorece los intercambios entre católicos y otros grupos religiosos, que van desde tipos de oración hasta fidelidad doctrinal; desde relaciones dentro de la familia hasta relaciones con las autoridades de la Iglesia. Entre las influencias propias de los latinocatólicos está su fuerte creencia en la Divina Providencia, que también está presente en la fe de los pentecostales latinos, la inclinación a expresiones religiosas populares que los teólogos protestantes latinos dicen haber dado origen a los "corridos" pentecostales, y la creciente consagración de imágenes de Nuestra Señora de Guadalupe en comunidades protestantes, incluyendo los pentecostales. Las discusiones sobre una influencia pentecostal en una sola dirección sobre los latinocatólicos no pueden explicar estas influencias que están presentes en prácticas religiosas entre los católicos y entre otros grupos religiosos de Estados Unidos.

Aun así, su exuberante estilo y sus expresiones tan semejantes a las pentecostales han despertado sospechas de que la RCC no es del todo católica y de que constituye una amenaza potencial para los fieles católicos. Algunos que antes participaban en la RCC han dejado la grey católica para unirse a los pentecostales, aunque los líderes de la Renovación sostienen que esta tendencia fue más grande durante los primeros años de la RCC que ahora. Otra crítica viene de quienes participan en organizaciones católicas preocupadas por la justicia social, que no ven con buenos ojos el que pentecostales y la RCC se concentren en la oración y en la conversión personal descuidando, de acuerdo a su punto de vista, el trabajo social animado por la fe. La competencia entre los movimientos apostólicos puede obstaculizar el trabajo de la RCC y de otros grupos. Los conflictos entre los líderes de los diversos grupos de la RCC no son infrecuentes. Los líderes de parroquias o de grupos que funcionan en casas particulares a menudo pierden miembros que se van a organizaciones de la RCC que atraen seguidores a través de eventos masivos o utilizando tácticas mediáticas.

Los líderes pastorales latinos como aquellos que fueron entrevistados en el informe del Comité de los obispos de Estados Unidos en 1999, sostienen que la RCC puede ser causa de desunión cuando los miembros "adoptan una actitud casi sectaria, concentrándose únicamente en sus propias actividades y crecimiento, y descuidando el bienestar de la parroquia" o "cuando se ven a sí mismos como poseyendo el único modo correcto de ser Iglesia". Algunos críticos creen que la RCC ofrece un verdadero alivio espiritual, pero no una formación profunda en la fe católica. El líder de la RCC, Andrés Arango, Coordinador nacional del CNSH, concuerda en que algunos líderes latinos de la RCC no tienen una adecuada preparación ministerial, participando únicamente en programas de formación de la RCC, a pesar de haber dicho que esos programas complementan y no reemplazan los de las parroquias y diócesis. Arango está convencido de que entre los grupos enraizados en la RCC, "el reto más grande que enfrentarnos es el tema de la autoridad, especialmente los líderes que quieren ser independientes de cualquier autoridad o influencia externa", ya sea a esta de origen diocesano o parroquial, o de otros líderes de la RCC como los de la CNSH.

No obstante, los líderes de la RCC y los grupos de oración a lo largo de Estados Unidos frecuentemente expresan su lealtad a la Iglesia Católica, a los líderes de sus instituciones y al bienestar de su parroquia local. Cuando los católicos –incluyendo algunos latinos– hicieron manifestaciones en las misas dominicales después de que saliera a la luz el escándalo de los abusos sexuales de sacerdotes en 2002, grupos hispanos de oración organizaron procesiones por el Centro de Los Ángeles para mostrar su apoyo a la Iglesia y a "aquellos buenos sacerdotes que han dejado atrás todo para servir a la gente". Muchos líderes de la RCC aseguran que ellos incorporan devociones tradicionales como la adoración eucarística y el Rosario en las reuniones de oración para fortalecer la identidad católica de los participantes. De acuerdo con el estudio de religión del *Pew Latino*, más del ochenta por ciento de los que se definen a sí mismos como carismáticos latinos, practican la devoción a María y creen en los dogmas católicos como la transustanciación. El mismo estudio confirmó el énfasis de los carismáticos latinos en participar activamente en la vida de la Iglesia, encontrando que los hispanos miembros de la RCC participan dos veces más en los ministerios de la parroquia que los latinocatólicos no carismáticos. Los directores diocesanos del ministerio hispano confirman que "muchos hispanos quieren participar en la vida de la parroquia gracias a su actividad en la Renovación Carismática, otros grupos de oración y movimientos apostólicos. Tienen una gran sed de conocer la Biblia así como de formarse en el liderazgo".

Los líderes de la RCC consideran la Renovación como una alternativa vital, llena del Espíritu, a los pentecostales y a otras denominaciones protestantes. Andrés Arango señala los logros de los grupos de la RCC en ofrecer a los inmigrantes hispanos un lugar para nutrir su fe y desarrollar su liderazgo dentro de la Iglesia de Estados Unidos, así como en formar líderes bilingües en la segunda y tercera generación que ayudarán a revitalizar la fe, tanto de los jóvenes latinos como de los no latinos. Allan Figueroa Deck comenta que la RCC "es probablemente el único y más importante factor en la Nueva Evangelización de los hispanos y la que motiva a las nuevas generaciones a servir en la Iglesia como ministros laicos, diáconos, sacerdotes y religiosos".

Aunque muchas parroquias siguen siendo la estructura de apoyo del Catolicismo en Estados Unidos, en Europa los movimientos laicos como el Opus Dei, Focolares, Comunión y Liberación, y el Camino Neocatecumenal nacieron durante el siglo XX, se ganaron el apoyo de los papas Juan Pablo II y Benedicto XVI e influyeron en Europa y más allá. Cerca de la mitad de los católicos activos en España se relacionan con la Iglesia a través de un movimiento y no a través de la parroquia. Estos hechos han llevado al pronóstico de que movimientos como estos son el futuro para el Catolicismo en Europa. Algunos latinos también están activos en estos movimientos en Estados Unidos.

Parroquias

Sin embargo, como se ha visto, especialmente con la popularidad de Cursillos y RCC, los actuales datos demográficos de la participación de los hispanos muestran que el futuro del ministerio hispano basado en parroquias requiere emplear la energía de los movimientos apostólicos en la vida parroquial y fomentar su experiencia transformadora en las comunidades hispanas. Algunas parroquias predominantemente hispanas, con movimientos apostólicos activos y pequeñas comunidades de fe, afrontan este reto de forma admirable, incluso superando las dificultades de recursos económicos que inhiben los esfuerzos de varios ministerios hispanos. Como los antiguos inmigrantes europeos que construyeron parroquias nacionales, los latinos son más generosos en hacer donativos a las estructuras de la Iglesia y a los líderes que ellos perciben activamente involucrados con sus familias y comunidades. El P. Kenneth Davis, OFM Conv., ve esta afirmación demostrada entre "los carismáticos y movimientos apostólicos de hispanos y los ritos religiosos en los que nunca faltan recursos porque los hispanos sienten la pertenencia".

De otra forma, las costumbres de los donadores hispanos puede ser un misterio para los párrocos y obispos: mientras muchos proyectos de edificios no se comienzan hasta que se cuenta con promesas serias o se tiene suficiente dinero reunido, la beneficencia hispana para tales proyectos solo se incrementa cuando la construcción ha comenzado y la gente puede ver que sus contribuciones se están utilizando para un proyecto que será de utilidad para la comunidad. Párrocos como el P. Vallina han tenido gran éxito en invitar a su comunidad a mostrar su capacidad de servicio, incluso organizando a la comunidad de su parroquia, San Juan Bosco, para construir un nuevo edificio. Pero otros párrocos y equipos parroquiales han expresado frustración por el poco apoyo de los hispanos a la parroquia, particularmente cuando perciben que los latinos dan más generosamente a los movimientos apostólicos que a su propia parroquia.

La vida de la parroquia puede conllevar conflictos internos y las comunidades de fe hispanas no son inmunes. Los cambios en el estilo pastoral pueden ser fuente de división, como el hispanocatólico que está profundamente comprometido con los sacramentos y la oración y no logra entenderse con otros que hacen más énfasis en la justicia social; o el que acentúa la conversión constante y el conocimiento de la fe, y critica a una parroquia en la que los sacramentos y ejercicios de devoción se realizan con poca catequesis. Las diferencias generacionales, la dedicación exclusiva al propio grupo de oración o movimiento apostólico, y los conflictos de personalidad son algunos de los obstáculos para la cohesión de grupo en las comunidades parroquiales hispanas.

Los gays y las lesbianas perciben que la atmósfera homofóbica que deben soportar todos los días, también está presente en su Iglesia y a menudo se sienten particularmente excluidos de la vida parroquial. El escritor Richard Rodriguez explica el conflicto interior por el que los católicos gay atraviesan: "la Iglesia que me enseñó a entender el amor, la Iglesia que me enseñó a seguir mi corazón, también me dice que no es amor lo que yo siento". El entiende "el deseo de dejar la Iglesia": pero admite su reticencia a abandonar sus raíces católicas.

Expresa admiración por la capacidad de compasión de la fe católica en un emotivo acto cuando presenta a los voluntarios del grupo de apoyo a los enfermos de sida de la parroquia del Santísimo Redentor en San Francisco llamándolos "los santos de la ciudad". Fred Anthony Garza, presidente de la sección de San Antonio de *DignityUSA*, expresó sentimientos encontrados parecidos al *San Antonio Express-News*, cuando la Arquidiócesis anunció en 2010 que iba a dejar de celebrar una Misa organizada por *Dignity* porque "sigue enviando mensajes ambiguos sobre la enseñanza oficial de la Iglesia relacionada con la adecuada celebración de la Eucaristía y llevar, de forma activa, un estilo de vida homosexual". Mientras los líderes de la Arquidiócesis invitaron a los miembros de *Dignity* a participar en la Misa parroquial "como parte de la más amplia comunidad católica", Garza dijo que estaban haciendo planes para seguir adelante con sus actos de culto "en un ambiente más benevolente".

Las tensiones también pueden presentarse en comunidades de fe donde las preocupaciones de los grupos hispanos dominantes se toman como las de todos los latinos, cuyos diversos contextos y pasado no son abordados y reconocidos de forma adecuada. Dos tercios de las comunidades de fe latinas estudiadas en el reporte de 2002 hecho por PARAL tienen miembros de dos o más grupos hispanos, con comunidades de fe católicas más multi-hispanas que las de los protestantes. Había mayor colaboración y menos conflictos entre los hispanos de diferente procedencia y pasado que entre hispanos y no hispanos. Pero también se encontraron desacuerdos entre los latinos, una situación a menudo relacionada con la predominancia de un grupo como los mexicanos étnicos sobre otros hispanos en una misma comunidad de fe.

Las parroquias compuestas predominantemente de fieles latinos son más la excepción que la norma. Las comunidades católicas son internamente las más diversas de todas las comunidades cristianas en Estados Unidos y cada vez son más debido a la heterogeneidad de la población católica, la tendencia a formar parroquias más grandes, la dispersión geográfica de los hispanos y una creciente población católica en los estados del oeste, donde las iglesias están más integradas. Un estudio de 2006 sobre las comunidades multirraciales encontró que, a pesar de algunos pocos casos en que ningún grupo racial constituía más del 80 por ciento de la comunidad, el porcentaje de parroquias católicas multirraciales es tres veces mayor que el de las comunidades protestantes. Incluso los hispanohablantes recién llegados frecuentemente se encuentran en parroquias mezcladas; el reporte de PARAL mostró que tres cuartas partes de las comunidades de fe latinas de habla hispana comparten las instalaciones de la Iglesia con otros católicos que tienen sus actos de culto en otra lengua, generalmente en inglés. Esto demuestra que las comunidades de fe latinocatólicas son más propensas a hacer esto que sus equivalentes protestantes. Un escenario cada vez más frecuente en las parroquias católicas, a nivel nacional, es que los latinos son inmigrantes recién llegados que se establecen en comunidades predominantemente euroamericanas.

En la actualidad la norma establecida en la mayoría de las diócesis es crear parroquias integradas o multiculturales. Sin embargo, como Ken Johnson Mondragón ha notado, tales congregaciones podrían ser consideradas parroquias "americanizantes" que promueve la asimilación de los recién llegados o parroquias "segmentadas" en las que dos o más grupos comparten las mismas instalaciones, pero permanecen aislados entre sí. Brett Hoover sostiene que llamar a esas parroquias "integradas" o "mezcladas" puede exagerar la unidad entre los grupos o imponer una receta predeterminada que llevará a una aculturación superficial. Hoover prefiere la expresión "parroquia compartida" para centrar la atención en "las dinámicas interculturales de coexistencia que se dan en tales parroquias".

Cuando una parroquia tiene dos o más grupos lingüísticos, a menudo coexisten en aislamiento o conflicto. Una persona que ha estado en su parroquia por más de cincuenta años, habló de este conflicto como "mi Iglesia ya no es más mi Iglesia" cuando el número de fieles hispanos se incrementó. Argumentaba que la mayor parte "puede hablar inglés" y se mostraba molesta de que los sacerdotes y el equipo de la parroquia estuviera "malacostumbrándolos" al ofrecerles la Misa y otros ministerios en español. Cuando los hispanos tratan de hacer que una parroquia se vea más como en casa, colocando una de sus imágenes sagradas en el lugar de culto u organizando una Misa en español en el horario *prime time* del domingo, los fieles más antiguos frecuentemente dicen que "nuestros antepasados construyeron esta iglesia" o "nosotros estábamos aquí primero". Como una líder laica se lamentaba "me desalienta el hecho de que nosotros, los hispanos, no contamos en esta parroquia. Venimos a Misa en grandes números y nuestras misas están realmente llenas del fervor. Pero todo el poder está en las manos de un pequeño grupo de veteranos que dan mucho dinero a la Iglesia". Si los latinos protestan o se quejan, los euroamericanos pueden verlos como desagradecidos después de la acogida que les están brindando. Al igual que sus vecinos no católicos, muchos católicos descendientes de europeos sobreentienden que los recién llegados que no adoptan las costumbres de Estados Unidos y hablan inglés, son ingratos y no merecen permanecer en Estados Unidos. Los críticos dicen que la práctica de misas en un idioma distinto crea "parroquias paralelas" que no tienen relación entre sí, llevando a la fragmentación dentro del cuerpo de Cristo. Algunos líderes del ministerio hispano, como el P. Chuck Dahm, OP, dice por su parte: "la promoción de parroquias multiculturales es a menudo poco menos que un intento velado de asimilar la cultura minoritaria en la dominante".

El cierre de iglesias puede añadir presión a las relaciones del grupo, especialmente cuando una parroquia predominantemente hispana se cierra y sus miembros se mezclan con una parroquia euroamericana. Aunque la carencia de recursos económicos y de personal a menudo hacen imposible evitar estas decisiones, los antiguos miembros de la parroquia pueden ver a los recién llegados como "intrusos" en la iglesia que ellos construyeron. Y aquellos que "pierden" su iglesia pueden sentirse traicionados por la pérdida de su propia parroquia. La incomodidad de verse a sí mismos en un estatus de segunda clase en su "nueva" parroquia y en la misma iglesia en sentido amplio es uno de los factores que lleva a los latinos a abandonar su participación en la vida parroquial e incluso a abandonar la fe católica.

Un estudio de 2005 del *National Pastoral Life Center* confirmó las dificultades de las parroquias mixtas ya sea racial o étnicamente; en respuesta a la afirmación "la gente de la parroquia aprecia y favorece la diversidad cultural", los líderes de pastoral de 928 parroquias calificaron a sus comunidades con una nota extremadamente baja. John Andrews, de la diócesis de San Bernardino, California, cree que es necesaria una respuesta pastoral más organizada a personas que están en comunidades donde hay un flujo constante de recién llegados: "alguien que se siente así no debe ser ignorado o despedido. Se le debe atender". Pero también añade: "la Iglesia pertenece a todo aquel que se llama a sí mismo católico, y necesitamos prestar atención a las necesidades de toda la gente que viene a la Iglesia". Ya sea a través de resistencia pasiva o de confrontación pública, no es infrecuente que la gente de una parroquia rechace exhortaciones a la caridad y a la "integración sin asimilación". Cuando Mons. Edward Slattery, obispo de Tulsa, tuvo una reunión en 2006 con miembros de una parroquia que estaban molestos con él por haber celebrado unas confirmaciones en español, se quedó sorprendido de que algunos le pidieran incluso prohibir las misas en español en la diócesis.

Los líderes pastorales pueden sentirse en conflicto en tales situaciones, sin querer chocar con nadie; pero a la vez queriendo dirigir a su rebaño a una unidad enraizada en Cristo y no en la uniformidad cultural. Los párrocos son conscientes de que ofender a ciertos miembros de una parroquia puede llevar a perder donativos que se necesitan para que la parroquia siga funcionando; pero naturalmente ellos no quieren que los asuntos financieros influyan en sus decisiones entre lo que es correcto y lo que no. Un párroco dijo: "Estoy llamado a construir puentes entre los grupos de mi parroquia. Desgraciadamente, nadie quiere usarlos".

Todo esto sugiere que construir la unidad en una comunidad con diversidad cultural no es solo cosa de tolerancia o de "celebrar las diferencias". Frecuentemente están en juego temas como la forma en que se toman las decisiones, y quién las toma, incluyendo la simple retirada por parte de los grupos marginales al sentir que la vida eclesial no les brinda acogida o simplemente es irrelevante. Muchas dificultades en el desarrollo de las parroquias compartidas nacen de la falta de atención a las relaciones de poder en la vida parroquial y los ministerios. Incluso los católicos euroamericanos que acogen a sus hermanas y hermanos hispanos, sobreentienden que los latinos son huéspedes y ellos los anfitriones. Si bien la hospitalidad y la "sensibilidad cultural" son esenciales para el ministerio de los recién llegados, sigue quedando implícito que los que están en el poder lo seguirán estando. Las tradiciones hispanas y las expresiones religiosas serán toleradas, pero el grupo establecido controlará y limitará ese pluralismo y diversidad. Es como si se dijera a los latinos: "bienvenidos a la casa de la familia de Dios, pero, por favor, no toquen los muebles sin permiso".

El estudio de Hoover muestra las dinámicas de grupo en una parroquia compartida en el medio oeste. Fundada en 1860, era todavía la única iglesia católica en un pueblo mayoritariamente protestante. La clase trabajadora de mexicanos inmigrantes que comenzaron a llegar desde 1990 cambió las características de la población y llevó al equipo de la parroquia a iniciar ministerios en lengua española. Un sacerdote euroamericano era el párroco y un sacerdote mexicano emigrado, vicario. Los católicos hispanos tenían dos misas dominicales en español, veinte programas de ministerio y una asistencia que superaba las 500 personas en la Misa más grande; los católicos euroamericanos tenían tres misas dominicales en inglés, treinta programas de ministerio y una alta asistencia a Misa de casi 400 personas. Aun así, un "ambiente de desigualdad en el poder" se reflejaba en el estatus social inferior de los mexicanos inmigrantes: los católicos euroamericanos tenían la mayor parte de los puestos en el Consejo de la parroquia, en el puesto de párroco contaban con un sacerdote proveniente de esa misma cultura y las misas dominicales en inglés tenían horarios preferenciales.

Como era bien sabido en todo el pueblo, la gente de la parroquia trabajaba "casi totalmente separada, pero con un estilo semejante". En los programas de educación religiosa, el programa en inglés abordaba la necesidad de los católicos de tener "un alfabetismo religioso" entre los jóvenes cuyos variados horarios requerían flexibilidad; mientras el programa en español, mucho más grande, tenía que vérselas con cientos de niños católicos bautizados que no habían recibido los sacramentos de la Comunión y Confirmación. Esto requería una más "amplia disciplina de educación", con una estricta política de asistencia a las clases de catecismo y a la Misa dominical, participación de los padres de familia en reuniones bimestrales y clases de capacitación semanales para los catequistas. Tanto el párroco euroamericano como el director de educación religiosa, tenían sus reservas al inicio por la división que podía surgir si había un currículo de educación religiosa en español, pero accedieron a causa de la necesidad pastoral. Hubo tensiones recurrentes cuando los niños hispanos comenzaron a pasarse al programa en inglés. El director de educación religiosa lo consideraba un paso natural en la adaptación de los niños a la vida de Estados Unidos, mientras que el sacerdote mexicano decía que los niños y sus padres se cambiaban para debilitar su autoridad y evitar las mayores exigencias del programa en español.

A pesar de los esfuerzos hechos de buena fe, los desacuerdos y resentimientos siempre se hacen presentes. Por ejemplo, una mujer euroamericana fue a una de las clases de educación religiosa en español para buscar a alguien que hablara inglés para que le ayudara a localizar a la persona que se había estacionado detrás de su coche. Otra mujer euroamericana había programado una reunión pero encontró que los hispanos habían ocupado su espacio. Comentó que las personas a las que se había dirigido le habían respondido "*no English, no English*", hasta que encontró a alguien que pudo traducir su problema. Aunque la gente la acogió con gusto una vez que entendieron lo que quería, aun así el incidente le molestó: "tú sabes, yo he apoyado a esta parroquia por más de cuarenta años, no con grandes aportaciones financieras, pero he sido una parte importante de ella, he dado algo de mí a ella y debo ser tomada en cuenta".

Dadas las divisiones lingüísticas y culturales, no sorprende que "evitar a los otros sea un patrón de comportamiento común". Tanto los euroamericanos como los hispanos dijeron que para la Misa dominical se estacionan en lugares que reduzcan el contacto y los potenciales conflictos. Algunos confesaron que salen de Misa rápidamente para evitar el contacto con la gente que viene a la siguiente Misa. Cuando los maestros de la escuela parroquial se quejaron por el desorden que había en sus salones después de las clases de educación religiosa en español, tanto el sacerdote mexicano como el director del programa de educación religiosa en español se molestaron con lo que ellos consideraban un hecho sin importancia, que manchaba la reputación de su comunidad ante los euroamericanos. Prefirieron no decir nada a sus acusadores, animando en cambio a los catequistas de habla hispana a mantener mejor el orden. Los sentimientos encontrados de "gratitud porque los euroamericanos les han hecho un espacio" y el resentimiento por estos conflictos muestran la típica respuesta de muchos hispanos en las parroquias compartidas. Hoover concluye que el reto para la gente en instalaciones compartidas es "rediseñar las negociaciones interculturales, no como problemas llenos de tensión o males necesarios, sino más bien como la vida ordinaria de la Iglesia, que realiza su unidad cada día en un contexto complejo y culturalmente plural".

Los encuentros interculturales entre hispanos y otras personas en parroquias compartidas alteran la experiencia comunitaria de los católicos. Los líderes del Secretariado para la Diversidad Cultural en la Iglesia estiman que más del treinta por ciento de las parroquias americanas son parroquias compartidas, con al menos dos grupos étnicos o raciales, siendo el español y el inglés las dos lenguas más comunes. Estas dinámicas entre grupos son las fuentes más frecuentes de tensión interna en el Catolicismo de Estados Unidos. La película de James Rutenbeck, *Escenas de una parroquia*, analiza las dinámicas comunitarias en "una parroquia católica que lucha por reconciliar los ideales de la fe con las realidades culturales de una América globalizada". El documental analiza las vidas del P. Paul

O'Brien, de hispanos recién llegados a la parroquia y de los fieles de ascendencia irlandesa establecidos en la parroquia desde hace tiempo. Algunos de ellos se mostraban "resentidos por una nueva generación de inmigrantes", mientras otros se dedicaban a ayudarles, "pero afrontaron dificultades culturales que se hicieron más complejas con el paso del tiempo".

La transformación de comunidades católicas

La participación de los hispanos en parroquias y movimientos apostólicos es la forma en que ellos más influyen en la dinámica interna del Catolicismo americano. Muchos reconocen que la Iglesia Católica Romana es un cuerpo universal con una jerarquía centralizada que supervisa todo, desde las principales creencias hasta las rúbricas litúrgicas; pero en Estados Unidos, el Catolicismo y otras religiones se han adaptado a un ambiente religioso donde domina la tendencia a crear comunidades. Los católicos que forman parte de dinámicas parroquias compartidas amplían su capacidad para formar a la gente en las relaciones interculturales que se encuentran de forma cada vez más frecuente. Una de esas parroquias es San Camilo en Silver Spring, Maryland, donde las misas dominicales se celebran en inglés, español y francés. El sitio de internet de la parroquia dice que es una "parroquia católica multicultural" cuya "comunidad, compuesta por gente de más de 100 países, se esfuerza por lograr la unidad mientras celebran la diversidad que es nuestra fortaleza y nuestro reto". Un texto en español y en inglés en su página de internet sostiene que la comunidad de la parroquia de San Camilo, como la túnica de muchos colores del patriarca José en el libro del Génesis, es "tejida para formar un cuerpo, el cuerpo de Cristo". La implementación concreta de estrategias pastorales va desde incorporar las tradiciones religiosas y la iconografía de los distintos grupos en el culto de la comunidad hasta fomentar una mayor igualdad de la presencia de todos en la vida parroquial.

San Juan Bosco y otras parroquias predominantemente hispanas también presentan un valioso potencial para una intensa vida parroquial en el Catolicismo americano. Su influjo más inmediato está en su propia comunidad: emigrantes que buscan consuelo; aquellos que buscan paz y una relación más profunda con Dios; y familias que buscan orientación, sanación, una fe más profunda y una oportunidad para colaborar con un proyecto divino más grande que el de ellos. Las parroquias más activas extienden su alcance a toda la sociedad. El estudio de Paul Wilkes "parroquias católicas excelentes" presenta la comunidad de San Pío X, en El Paso, formada ampliamente por mexicanos étnicos. Bajo la guía del párroco, el Mons. Arturo Bañuelos, la parroquia ha unido "los valores y la fe hispanos con la visión del Vaticano II de lo que debe ser una parroquia moderna, dando a cada uno de ellos un nuevo significado". La cualidad distintiva de la parroquia es el liderazgo de los laicos, que dirigen ministerios como organizar a la comunidad en barrios pobres, atención a los enfermos de cáncer, retiros de evangelización, atención a los enfermos de sida, apoyo a los niños que han sido detenidos por cruzar la frontera sin papeles, un grupo de solteros al servicio de los demás y misiones en México y Estados Unidos. Frank López explica cómo la vida de la parroquia se desborda hasta la comunidad que la rodea. Se sintió llamado a abandonar un bien remunerado trabajo como abogado para ayudar a la población mexicana indigente en la frontera entre El Paso y Ciudad Juárez. Hijo de una familia de inmigrantes de clase trabajadora, asimiló el ejemplo de sus padres de tratar a otros inmigrantes "con respeto y dignidad" con la visión del Vaticano II, que le permitió ver "el 'porqué' detrás del 'qué' de lo que yo quería hacer".

Al igual que las parroquias, los movimientos apostólicos como la RCC tienen un impacto considerable. Los líderes de la RCC en la diócesis de Galveston-Houston establecieron el Centro Católico Carismático en 1972. El ministerio incluye evangelización en español, jóvenes y formación para el liderazgo. En San Bernardino, California, la iniciativa de la RCC ha ayudado a expandir los grupos de oración en español pasando de treinta y dos a cincuenta y cuatro, abarcando a más de sesenta por ciento de las parroquias. También han surgido vocaciones al sacerdocio en la RCC y los hispanos en la RCC han incrementado su participación en los ministerios parroquiales y en los programas de formación diocesanos. Mons. Joseph Malagreca, director espiritual del CNSH, ha estado involucrado desde 1975 en la RCC, con los latinos de Brooklyn. Cree que una tercera parte de los fieles hispanos en su diócesis son miembros activos de la RCC, los cuales son también la mayor parte de los líderes en los ministerios de catequesis, evangelización, juventud, liturgia y otros. A nivel nacional, señala que la característica más notable de la RCC es su fervor evangelizador y su capacidad para atraer a los hombres y a los jóvenes a una vivencia más profunda de su fe.

Cursillos de Cristiandad ha tenido también un gran impacto y es el movimiento apostólico más importante surgido del Catolicismo latino y el que más se expande a católicos de habla inglesa. Un equipo de "cursillistas" que organizaba fines de semana en español, dirigió el primer cursillo en inglés, en 1961. A lo largo de las siguientes dos décadas, casi todas las diócesis en Estados Unidos introdujeron el movimiento de los Cursillos, tocando a millones de católicos. Mientras los Cursillos se extendían, aparecieron otros retiros que imitaban lo esencial de su metodología como: Encuentro de Adolescentes con Cristo (TEC, por sus siglas en inglés); Search y su equivalente en español, "Búsqueda"; Encuentros Juveniles; Kairós; y Cristo Renueva su Parroquia. Estos movimientos, basados en retiros inspirados en los de Cursillos, han repetido el amplio impacto de sus predecesores, como es evidente en la afirmación hecha por los líderes de TEC que, desde su fundación, "cientos de miles de jóvenes de diversos continentes se han encontrado con Cristo a través de TEC". La influencia de Cursillos abarca a todos estos movimientos de renovación espiritual. La estudiosa Kristy Nabhan-Warren asegura que los cursillistas de habla hispana fueron los "pioneros de lo que se ha convertido en un amplio movimiento de retiros cristianos en Estados Unidos" y así los católicos hispanos han "hecho un profundo impacto" en el Cristianismo de Norteamérica.

El crecimiento de las religiones Pentecostal y Evangélica entre los latinos y el debilitamiento del compromiso religioso en una cultura secular, son retos de gran trascendencia para la labor de los ministerios católicos. Además, las dificultades dentro de los movimientos apostólicos y las parroquias a menudo disminuyen su potencial evangelizador. Aun así, estas dificultades son un indicador de la presencia e influencia de los hispanos en las comunidades de fe del Catolicismo americano. Las influencias de los hispanos en un nivel local han tenido un hilo conductor en común: liderazgo. Desde los párrocos hasta los líderes de los grupos de oración, los líderes latinos comprometidos hacen crecer los ministerios de las parroquias y de los movimientos apostólicos. Por el contrario, la ausencia o falta de efectividad en esos líderes puede ser un mayor obstáculo para construir vibrantes comunidades de fe. Así, el futuro impacto en la Iglesia y en la sociedad depende de identificar y preparar a verdaderos líderes para el ministerio hispano. Mientras los presupuestos y el personal en las diócesis y parroquias se hacen cada vez más reducidos, los ministros de la pastoral hispana se encuentran ante la necesidad de expandir el grupo de líderes capacitados para los ministerios con los católicos de a pie, que son los que más influyen directamente en la fe y en la vida cotidiana de los latinos y sus semejantes.

CAPÍTULO 5

Culto y devoción

Álvaro Dávila se sorprendió de la demás gente en la parroquia, pero más de sí mismo. Los líderes de su parroquia, Nuestra Señora de la Merced, en Chicago, habían invitado a los feligreses a usar los vestidos típicos de sus países en la Misa del domingo.

Cuando estaba en su país de origen, Guatemala, Dávila se había sentido avergonzado de la parte indígena de su herencia cultural. "Aprendió a insultar a otros diciéndoles: '¡pareces un indio!'". Después de que sus padres le ayudaran a recibir una educación, su madre lo animó a "no decir que ella era mi mamá, de forma que yo no me sintiera atado a una 'dura realidad', la cual… serviría solamente para hacerme parte de un legado cultural que siempre recibía rechazo". Había quitado las fotos de los antepasados de su padre que estaban en la pared de la sala porque "sentía vergüenza de ellas, cuando mis compañeros de la escuela venían a visitarme". Recuerda "las lágrimas en los ojos de mi papá" y se lamentaba: "cada vez que voy a casa, esas fotografías me recuerdan lo que hice".

Ahora Dávila se sienta en medio de la asamblea orgullosamente adornado con colores y con un vestido indígena de su tierra natal. Se maravillaba especialmente de sus compañeros guatemaltecos, muchos de los cuales habían huido como él de la violencia en los años ochenta. Incluso los adultos usaban una vestimenta especial, algo que él nunca había visto en casa, donde "la única vez en que era permitido usar el traje típico durante una celebración del pueblo, era en los festejos de la Virgen de Guadalupe, para los que niños y niñas se vestían como 'pequeños indios', pero los adultos nunca se vestían así". Otro pensamiento desconcertante siguió: "mi gente, cuando llegó a este país, trajo consigo estos objetos indígenas que ellos habían rechazado por generaciones. No importó cuántos ríos tuvimos que cruzar; no importó que nunca los habíamos usado; no importó que nunca los podríamos usar". Mirando a sus hijos junto a él, "tembló" al verlos "vestidos como 'Tona', la mujer india que acostumbraba venderme una bebida de maíz todos los días". ¿Por qué estaba la gente "celebrando lo que habíamos rechazado toda la vida"?

Dávila pensaba en estas preguntas mientras cursaba una maestría en la Unión Teológica Católica de Chicago y en sus posteriores trabajos de ministerio pastoral. Finalmente volvió a Guatemala para hacer apostolado entre su gente. Su profunda experiencia en la Misa de aquel domingo le enseñó que "ser espiritual" implica estar "en contacto nuevamente con mis raíces, con la fuente de mi vida". Él llama a esta "reconexión" una conversión que le permitió valorar la belleza y dignidad de su familia, de sus antepasados y de sí mismo. Dávila considera esta "conversión a reconocernos como Dios nos hizo", una revelación capaz de cambiar una vida para ver que no importa por qué rechazos o vergüenzas hemos pasado, cada uno de nosotros sigue siendo una hija o hijo creado a imagen del mismo Dios.

Al igual que Dávila, los latinocatólicos encuentran un profundo significado al incorporar sus expresiones culturales y tradiciones en las celebraciones de la liturgia católica, especialmente la Eucaristía. Los días de fiesta hispanos, las imágenes de sus santos, sus expresiones artísticas y procesiones pueden verse cada vez con mayor frecuencia en las parroquias de Estados Unidos. Los que tienen raíces en América Latina y el Caribe practican devociones aprendidas en su cultura, como la veneración puertorriqueña por su patrón san Juan Bautista; la fe guatemalteca en el Cristo Negro de Esquipulas; y la devoción salvadoreña a Mons. Oscar Romero, el arzobispo de San Salvador asesinado y aclamado por el pueblo como mártir y santo (y actualmente en proceso de canonización oficial en el Vaticano). Otras expresiones de fe entre los hispanos incluyen "el día de muertos" y su comunión con aquellos que se han ido antes que nosotros; la devoción al Sagrado Corazón de Jesús; y tener en casa un altar con las imágenes de Jesús, María, los santos y los seres queridos.

La dedicación de los hispanos a sus tradiciones devocionales es tan fuerte que puede llevar a desacuerdos y conflictos sobre su puesta en práctica, especialmente devociones como la "santería", que están basadas en parte en religiones africanas o aquellas basadas en las religiones indígenas como las prácticas de curación del "curanderismo". Ambas tradiciones son respetadas entre ciertos hispanos que se consideran a sí mismos católicos. Pero muchos líderes pastorales desconfían de prácticas asociadas con estas tradiciones o las condenan como enemigas de la fe católica.

Una ocasión frecuente de conflicto en las parroquias católicas es la tradición de la "quinceañera", una celebración de la madurez de la mujer que pasa a ser adulta. Mientras que para los hispanos su importancia puede ir de un medio para honrar el legado familiar y cultural, un rito de pasaje, una dedicación de la vida de una joven mujer a su madre la Virgen de Guadalupe o una reunión festiva con amigos y seres queridos, muchos ministros de pastoral la ven como una oportunidad para evangelizar a los jóvenes y permitirles reafirmar su compromiso con la fe católica. Los obispos de Estados Unidos recibieron en 2007 la aprobación del Vaticano para un rito oficial de la celebración de las quinceañeras. Las orientaciones para el rito dicen, entre otras cosas, que la jovencita debe hacer un acto de acción de gracias y un compromiso de llevar una vida cristiana antes de recibir la bendición del sacerdote al final de la Misa o que el rito debe celebrarse fuera de la Misa. Aun así, las tensiones sobre esta tradición permanecen; en algunos lugares, los sacerdotes y los miembros del equipo de la parroquia se rehúsan a celebrar fiestas de quince años.

Estas tensiones reflejan problemas más profundos sobre la promoción de las expresiones de fe de la gente, la relación entre la piedad popular y la liturgia y la renovación litúrgica del Concilio Vaticano II. La Constitución sobre la Sagrada Liturgia *Sacrosanctum Concilium*, el primer documento del Concilio Vaticano II, alaba las devociones populares, pero indica que deben practicarse de acuerdo con la sagrada liturgia y conducir a la gente a ella. Su invitación a promover en los fieles "aquella participación plena, consciente y activa en las celebraciones litúrgicas" ha sido el principio guía para llevar a la práctica la renovación litúrgica. Los líderes del ministerio hispano y los teólogos promovieron este y otro principio enraizado en él, "la inculturación litúrgica" que Ansgar Chupungco, OSB, definió como "el proceso por el cual los elementos apropiados de una cultura local se integran en los textos, ritos, símbolos e instituciones usadas por una iglesia local para su culto". *Sacrosanctum Concilium* pide a los líderes pastorales respetar las diversas prácticas de la gente y acogerlas "en la misma liturgia, con tal que se pueda armonizar con el verdadero y auténtico espíritu litúrgico".

En 2001, la Congregación del Vaticano para el Culto Divino y la Disciplina de los Sacramentos publicó un directorio sobre la piedad popular y la liturgia. El documento ofrece principios para la renovación de la piedad popular y directrices para armonizarla con la liturgia, subrayando "la superioridad de la liturgia en relación con otras formas de culto; la dignidad y legitimidad de la piedad popular; la necesidad pastoral de evitar cualquier oposición entre liturgia y piedad popular; y asegurarse de que sus diversas formas no se confunden para evitar que se desarrollen celebraciones híbridas". La adecuada implementación de estos criterios en las comunidades locales sigue siendo una fuente de preocupación y desacuerdo pastoral.

Dos tradiciones devocionales latinas tienen un particular impacto en el culto y devoción de las parroquias de Estados Unidos: por un lado, el culto a Jesús crucificado y la devoción a su madre, María, que acompaña a su hijo en el camino del Calvario y, por otro, imágenes que reproducen los rasgos de los fieles latinos, como la cubana de Nuestra Señora de la Caridad del Cobre y la mexicana de Nuestra Señora de Guadalupe. Estas devociones fundamentales muestran elementos esenciales de la fe que los hispanos llevan a las celebraciones de la Eucaristía. El paisaje sagrado de las comunidades de fe y la vida de culto de las parroquias católicas de Estados Unidos se ve alterado por las procesiones hispanas que recorren las calles de las ciudades, por la celebración de los días de fiesta, los esfuerzos por consagrar imágenes de sus santos en las iglesias, las devociones del hogar y del vecindario, la participación en la Eucaristía e iniciativas de renovación litúrgica.

Jesús crucificado

Las celebraciones del Viernes Santo han sido llamadas "el ritual latino por excelencia". El rito de las Siete Palabras de Cristo es una tradición popular. Reflejando la reverencia de los hispanos por los que mueren y su tendencia a valorar las últimas palabras que pronuncian sus seres queridos, este rito incluye una solemne proclamación de las siete frases que Jesús dijo desde la cruz, tal como aparecen escritas en los Evangelios. Cada proclamación se acompaña con un sermón o meditación. Las celebraciones de la tarde incluyen tradiciones como el "Santo entierro" o el entierro de Jesús depuesto de la cruz y el pésame, una ceremonia con Jesús como centro, pero con condolencias ofrecidas a "la Dolorosa", su madre sufriente. Como otros católicos, los hispanos también participan en ritos como la veneración de la Cruz, la proclamación de la Pasión del Señor y el Vía crucis, que recorre el camino de Jesús desde su juicio hasta su crucifixión y colocación en la tumba.

Los esfuerzos de los latinos por organizar los rituales del Vía crucis son su mayor influencia en el culto del Viernes Santo. En muchas comunidades de fe hispanas esta devoción incluye una representación del juicio de Jesús, Jesús cargando su cruz, el encuentro con su Madre Dolorosa y la Crucifixión o una procesión por los vecindarios y las calles de la ciudad.

Muchos latinos rezan el Vía crucis como una petición de perdón. Un himno tradicional cantado durante las procesiones, "Perdona a tu pueblo", confiesa: "reconocemos nuestro pecado, que tú has perdonado muchas veces, perdónanos, Señor".

También se lleva a los participantes a un encuentro personal con Cristo en estos ritos. Una meditación inicial para el Vía crucis en la catedral de San Fernando, en San Antonio, expresa este deseo de crecer en la fe:

Jesús nos invita a ti y a mí: "ven y sígueme". Es fácil seguirlo por los lagos y campos de Galilea; pero es más difícil cuando entra a Jerusalén y todavía más difícil, cuando camina bajo el peso de la Cruz hacia el Calvario. Aun así, él nos invita a ti y a mí a venir y seguir sus huellas. Aceptemos su invitación juntos para que sigamos creciendo en el conocimiento de su amor por nosotros.

Después de participar en el Vía crucis de Chicago, Emily Carrasquillos afirmó: "para mí, esto es lo mejor que puedo hacer. Es un acto de fe porque Jesús murió por mí y sacrificó su vida por mí". El Card. Francis George, arzobispo de Chicago, declaró que la importancia de este evento es que "la gente sigue reviviendo esos misterios [de la pasión y muerte de Cristo] en sus corazones".

La cobertura de los medios se concentra en ritos que adoptan mensajes de protesta contra la violencia y la injusticia. Una nota de 1998 del *Milwaukee Journal Sentinel* observaba: "el simbolismo fue muy fuerte cuando un actor, representando a Jesucristo, fue cargado para ser crucificado en una representación del Viernes Santo, justo en los mismos escalones de la Iglesia donde un adolescente el mes pasado recibió un disparo que le quitó la vida... Las oraciones y las lecturas trazaron una línea desde del sufrimiento y muerte de Cristo hace 2000 años hasta los males sociales que actualmente abundan en este vecindario pobre". Las trágicas muertes de niños hispanos y adultos en el incendio de Chicago, en 1976, inspiraron un Vía crucis anual como una expresión de fe para reunir a la comunidad y recordar a los seres queridos perdidos allí y vincular sus muertes con la injusta crucifixión de Jesús. Los feligreses sostenían que estas muertes se debieron a la falta de bomberos que hablaran español, así como a la ausencia de los propietarios, sobrepoblación y la negligencia de la ciudad para ofrecer servicios públicos. Este Vía crucis sigue estando vinculado con los problemas de la comunidad como la falta de vivienda, falta de escuelas, inmigración y violencia callejera. Del mismo modo, "el Vía crucis del inmigrante" es organizado por mexicanos inmigrantes sin documentos que viven en Manhattan, Nueva York. Se subrayan los vínculos entre el sufrimiento de Jesús y el de los indocumentados: la procesión comienza ante las oficinas del Servicio de Inmigración y Ciudadanía de Estados Unidos, después unos soldados romanos ordenan a Jesús que lleve su cruz con la orden "¡camina, camina ilegal!" Y el evento se dedica "a la memoria de aquellos inmigrantes que han caído en la lucha por vivir con mayor dignidad, fuera de su tierra, lejos de sus familias".

Algunos latinos han criticado lo anterior porque les parece que con ello se instrumentaliza el Vía crucis. Otros líderes hispanos argumentan que sus tradiciones del Viernes Santo no son meras protestas políticas orientadas a provocar un cambio social, sino más bien eventos santos que les permiten sobrellevar las dificultades del presente con fe y que les animan a luchar por la transformación de sus vidas.

Los párrocos y los liturgistas también tienen sus reservas porque les parece que la atención tan grande que los hispanos prestan a la pasión de Cristo, puede quitarle centralidad a la Resurrección. Muchos perciben que son menos los hispanos que asisten a la Vigilia Pascual y a las Misas del Domingo de Resurrección que los que van a las procesiones y celebraciones del Viernes Santo. Estos líderes tratan de contener o de reorientar la oración de los hispanos el Viernes Santo y animarlos a una mayor participación en las ceremonias de Pascua. Los líderes del ministerio hispano, por su parte, responden que las celebraciones de Pascua entre los católicos descendientes de europeos tienden a mostrar la "corona sin la Cruz", celebrando la victoria y salvación de Cristo sin tener presente los sufrimientos del Viernes Santo y la necesidad de una continua conversión. Sostienen que es una hipocresía pastoral quitar los símbolos latinos del sufrimiento de Cristo sin tratar de eliminar la raíz de las tribulaciones, personales y colectivas, que hacen a esos símbolos tan significativos. Mientras la enseñanza de la Iglesia dice que la muerte y resurrección de Cristo están intrínsecamente ligadas y que merecen un énfasis complementario en la fe y culto católicos, los desacuerdos siguen sobre cuál es la mejor forma para reflejar en las celebraciones de la parroquia este equilibrio.

Para los latinos, las oraciones del Viernes Santo y las expresiones de fe no están relacionadas solamente con Jesús, sino también con su Madre y su mutuo amor que la muerte no pudo destruir. Después de la crucifixión, la presencia de María se hace más fuerte cuando los fieles vuelven su atención a la Madre Dolorosa que llora por su hijo y lo coloca en la tumba para que descanse en paz. La liturgia oficial romana para el Viernes Santo no tiene ningún acto para recordar el entierro de Jesús o la suerte de María después de este, pero las expresiones de fe de los hispanos reviven estos eventos de la pasión del Señor. En algunos lugares se organiza una procesión por la noche con velas que acompaña a María y el cuerpo crucificado de su hijo por las calles que están alrededor de la Iglesia. El pésame que se da a María con frecuencia incluye testimonios de madres y otros miembros de la comunidad que han perdido a sus seres queridos y unen sus sufrimientos a los de ella. El Viernes Santo pone en contacto a los fieles con el sacrificio de Jesús, pero también con la agonía de María al presenciar la pasión de su hijo, su fortaleza como mujer de fe y su amor materno por todos.

María

María es honrada por los hispanos porque es patrona de sus países de origen: Nuestra Señora de Aparecida de Brasil; Nuestra Señora de la Caridad, de Cuba; Nuestra Señora de Guadalupe y Nuestra Señora de San Juan de los Lagos, de México; Nuestra Señora de Altagracia, de República Dominicana; Nuestra Señora de Copacabana, de Bolivia; Nuestra Señora de Suyapa, de Honduras; y Nuestra Señora de La Paz, de El Salvador; entre otras que provienen de países de habla hispana. Los líderes pastorales hispanos han promovido la unidad de los católicos animando a los latinos y a otros a apreciar sus respectivas tradiciones marianas, presentes en algunas parroquias, preparando altares o haciendo una procesión con las diversas imágenes marianas en fiestas como la Inmaculada Concepción.

Posiblemente la devoción mejor conocida es la de Nuestra Señora de Guadalupe. Los devotos "guadalupanos" consideran al *Nican Mopohua*, un texto escrito en náhuatl, como el texto fundacional de la tradición Guadalupana. Narra los encuentros entre la Virgen de Guadalupe y el indígena Juan Diego, canonizado en 2002. Las primeras palabras de la Virgen para él fueron: "Escucha, hijo mío, el más pequeño, Juanito, ¿a dónde vas?". Ella lo envió a pedir a Juan de Zumárraga, primer obispo de México, que construyera un templo en su honor en el Tepeyac (en la ciudad de México), donde ella "mostraría y daría a toda la gente todo su amor, su compasión, su ayuda y su protección". Volvió a ella después de no haber tenido éxito en una entrevista con el obispo y le pidió que enviara a otro mensajero, "que fuera respetado y estimado", porque él se juzgaba asimismo incapaz e indigno. La respuesta de María fue tierna, pero firme: "Sábete bien en tu corazón que no son pocos los siervos y mensajeros a los que podría darles el encargo de llevar mi pensamiento y mi palabra para que mi voluntad se cumpla. Pero es absolutamente necesario que tú personalmente vayas y hables sobre esto, y precisamente a través de tu mediación y ayuda mi deseo y anhelo se realice". Sus palabras a Juan Diego en un encuentro posterior, cuando él estaba preocupado por la enfermedad de su tío, son las más citadas entre los devotos contemporáneos: "que no se turbe tu rostro ni tu corazón; no temas esa enfermedad ni ninguna otra enfermedad o ansiedad. ¿No estoy yo aquí que soy tu madre?". La fidelidad de Juan Diego al mandato de la Virgen fue finalmente recompensada. El obispo creyó a Juan Diego, cuando este le presentó exquisitas flores fuera de temporada y la imagen de la Virgen de Guadalupe apareció en la humilde tilma del indiecito.

Las representaciones de esta historia son algo común en las celebraciones parroquiales de la Virgen de Guadalupe en su día de fiesta, que es el 12 de diciembre. Al igual que Juan Diego, los fieles hispanos recuerdan haber sido ignorados o rechazados y tienen la tentación de verse a sí mismos como inferiores. Sus devotos dan fe de que la Virgen de Guadalupe los levanta y fortalece como hizo con Juan Diego. A ellos, el relato de las apariciones les revela una profunda verdad sobre su dignidad y desenmascara la mentira de las desigualdades sociales y las experiencias que disminuyen el sentido de su propia valía.

La tradición devocional más difundida en las parroquias para la fiesta son "las mañanitas". Las ofrendas de flores presentadas por los fieles expresan su amor y otras devociones acompañan las canciones, como el rezo del Rosario, lecturas de la Escritura y testimonios o meditaciones sobre la Virgen de Guadalupe. La mayoría de los devotos conoce las canciones de memoria y las canta con fuerza para darle gracias por su intercesión; buscar su bendición y protección; y alabar su maternidad, pureza, apariciones milagrosas a Juan Diego y su providencial relación con los mexicanos y su país.

Algunas celebraciones de la Virgen de Guadalupe subrayan el vínculo entre ella y los problemas sociales. Los líderes de la Misión Dolores, dirigida por los Jesuitas, al este de Los Ángeles, han invitado a los huéspedes de su parroquia que estaban en el "Albergue Guadalupano" a vivir el drama de las apariciones, subrayando su dignidad de huéspedes que no tienen casa como hijos de la Virgen de Guadalupe y como los "Juan Diegos" que luchan en el mundo actual. La Asociación Tepeyac de Nueva York organiza anualmente la "carrera internacional de la antorcha Guadalupana", en la que los corredores llevan en relevos una antorcha durante 3,000 millas: parten de la basílica de Nuestra Señora de Guadalupe en la Ciudad de México, suben por la costa del Golfo de México, cruzan la frontera de Estados Unidos en Brownsville (Texas), siguen por el sur de Estados Unidos, pasan por la Casa Blanca y llegan a la catedral de San Patricio, en Nueva York, el día de la fiesta. Los corredores usan camisetas con las que se declaran a sí mismos "mensajeros de un pueblo dividido por la frontera".

Estas devociones no están exentas de polémicas. Los latinos entrevistados para el informe de 1999 del Comité Episcopal se quejaban de que "los párrocos han tratado de eliminar las prácticas de devoción popular" porque son contrarias a la "verdadera" evangelización y ellas "deben usarse solo como un paso intermedio a una mayor madurez en la fe y después ser abandonadas". Los miembros del ministerio hispano que las proponen, sostienen que tales concepciones por lo general "alienan a los latinos de la Iglesia". Por el contrario, los párrocos y los liturgistas comentan que las devociones marianas y otras "devociones populares no son otra cosa que 'Catolicismo de un día'... que provocan grandes, pero aislados, momentos de fervor y que al final no logran traducirse en una profunda y duradera transformación espiritual y en una participación regular en la vida de la Iglesia". Un sacerdote que trabaja en el ministerio hispano, aseguraba que muchos fieles parecen "encadenados a" su "atracción a la Virgen [de Guadalupe] como una fuente de favores" y prestan escasa atención a vivir como discípulos y a apoyar los trabajos de evangelización que los líderes de la Iglesia promueven como la llamada de la Virgen de Guadalupe a sus devotos. Otros líderes pastorales anotan que, aunque la mayoría de los fieles católicos conoce la doctrina católica de que María no es Dios, sino una intercesora ante Dios, muchos se vuelven a ella como a una madre que posee poderes divinos. Para algunos párrocos tales convicciones son causa de preocupación, no solo por poner a María, un ser humano, en el lugar de Dios, sino también por la imagen de Dios deformada, al que se ve como a un Dios Padre, falto de compasión, y una "familia celestial disfuncional", en la que es necesaria la intervención materna para moderar la impredecible autoridad paterna.

Un malentendido frecuente se da cuando la fiesta de la Virgen de Guadalupe es un domingo. Las normas litúrgicas establecen que la Misa de los domingos tiene precedencia sobre los días de fiesta. Cuando esto sucedía en alguna parroquia, el encargado de liturgia decía que no se podía celebrar la Misa de la Virgen de Guadalupe. La gente se molestaba y se sentía confundida. ¿Cómo puede una parroquia católica no ofrecer a su Madre Celestial la debida veneración en su día? El equipo pastoral finalmente cedía por compromiso. Una Misa en honor de la Virgen de Guadalupe se celebraría a las 5:00 am, suficientemente temprano para no alterar el horario de misas dominicales. Los líderes de pastoral pensaban: "¿de todas formas, cuántos vendrán a una hora tan temprana?". Para su sorpresa, hubo incluso mucha gente de pie. Escenarios semejantes pueden verse en todo el país cuando la fiesta de Guadalupe cae en domingo.

Eucaristía

Quienes apoyan el ministerio hispano han tratado de explicar por qué tradiciones como la Virgen de Guadalupe son tan importantes; también han tratado de promover una mayor comprensión de las expresiones de fe hispanas a la vez que impulsan la renovación litúrgica pedida por el Vaticano II. Los institutos de pastoral como el MACC comenzaron iniciativas de renovación litúrgica hispana a los inicios de los setenta, haciendo esfuerzos por analizar las tradiciones de fe hispanas desde el punto de vista teológico y pastoral, organizar programas de formación para líderes encargados de la liturgia en comunidades hispanas y desarrollar materiales como rituales bilingües para la celebración de los sacramentos. El centro Hispano Católico del Noreste publicó un lleccionario en español. Pero la organización nacional que se ha dedicado más a llevar a cabo la renovación litúrgica entre los hispanos es el Instituto Nacional Hispano de Liturgia, creado para "estudiar, desarrollar y promover la vida litúrgica de las comunidades hispanas en Estados Unidos" y para promover "la inculturación de las celebraciones litúrgicas para ayudar a una participación significativa y completa de toda la asamblea".

El Instituto Nacional Hispano de Liturgia ha organizado congresos nacionales, publicado materiales sobre temas relacionados con la liturgia hispana y coordinado la planeación de la liturgia para eventos nacionales. Ha asesorado al Comité Episcopal para la Liturgia (el Comité del Culto Divino) en la traducción al español de los textos litúrgicos. La colaboración con el Comité Episcopal para la Liturgia se consolidó en 1982 con la creación de un subcomité para la liturgia hispana. A través de esta estructura, los obispos y los miembros del Instituto fueron determinantes para que la Santa Sede reconociera al español como una lengua litúrgica en Estados Unidos, la adopción en las parroquias del libro de los sacramentos en español utilizado por los sacerdotes para presidir la Eucaristía en todo el ámbito hispano y que el día de la Virgen de Guadalupe dejara de ser "memoria" y se convirtiera en "fiesta", haciéndose así obligatoria para las parroquias.

Una preocupación del Instituto Nacional Hispano de Liturgia y de otros líderes del ministerio hispano es la celebración de liturgias bilingües o multilingües, las que ellos apoyan si no reemplazan a las misas en español. Como el P. Mark Francis, CSV, explica: "el principal objetivo de la liturgia multicultural no es celebrar la diversidad cultural", sino "ayudar a cada miembro de la asamblea a participar completa, activa y conscientemente en la liturgia". Algunas recomendaciones que se dan para llevar a la práctica lo anterior son celebrar estas liturgias solo en días de fiesta concretos, como Pentecostés o en una fiesta mariana, como la Asunción; hacer los textos de las oraciones y de las lecturas de la Escritura accesibles al mayor número posible de personas; evitar la excesiva traducción de palabras habladas usando mejor textos impresos con las traducciones; y prestar atención a comunicaciones no verbales como el arte, el mismo ambiente, los símbolos, los gestos y el silencio meditativo. Los músicos de la pastoral hispana se han unido a otros músicos de distintos contextos culturales para hacer coros multiculturales y componer música bilingüe o multilingüe que mejore estas celebraciones.

La preocupación litúrgica predominante que los líderes del ministerio hispano deben afrontar en las parroquias ha sido contar con más Misas dominicales en español o en un estilo de culto que interpele a los hispanos. Los músicos de la pastoral hispana han buscado mejorar las celebraciones eucarísticas proponiendo oraciones cantadas y la composición de himnos, antífonas y respuestas a los salmos en ritmos que van desde los caribeños hasta los de México y el suroeste de Estados Unidos. El creciente repertorio de música litúrgica hispana se publicó en recopilaciones hechas por editoriales católicas tales como *Flor y canto*, y *Cantos del pueblo de Dios*.

Muchos inmigrantes se conmueven cuando escuchan canciones de su país natal en las parroquias de Estados Unidos, como el "ofertorio nicaragüense". El estribillo de la canción se basa en las palabras de la oración que el sacerdote dice durante el rito preparatorio, así como en su significado más profundo: "Te ofrecemos, Padre nuestro, con el vino y con el pan, nuestras penas y alegrías, el trabajo, nuestro afán". Las palabras unen las sensibilidades culturales de los hispanos con la acción litúrgica, como la primera línea que une el imaginario bíblico y el agrario; la costumbre de persignarse (hacer el signo de la Cruz) y honrar la Cruz en la vida cotidiana; una fuerte ética comunitaria; y una comprensión católica de la Comunión como convertirse en el cuerpo de Cristo: "como el trigo de los campos, bajo el signo de la Cruz, se transformen nuestras vidas en el cuerpo de Jesús". Del mismo modo, los himnos compuestos durante la renovación del Vaticano II expresan la espiritualidad eucarística en el idioma español. "Un pueblo que camina", otra canción empleada por varios grupos hispanos, habla de la Eucaristía como de la fiesta profética de un pueblo que encuentra dificultades, pero que también celebra un gozoso anticipo de su destino final con Dios: "Somos un pueblo que camina, y juntos caminando podremos alcanzar otra ciudad que no se acaba, sin penas ni tristezas: ciudad de eternidad".

Al igual que otros católicos, cuando la Misa comenzó a decirse en lengua vernácula después del Vaticano II y se permitió una mayor participación de los laicos en el culto, los hispanos secundaron la renovación litúrgica convirtiéndose en lectores que proclamaban las lecturas de la Escritura, ministros extraordinarios de la Eucaristía que distribuían el pan y el vino consagrados y el ministerio de la hospitalidad acogiendo a la gente que llegaba a la iglesia. Los institutos de pastoral como el MACC, el Centro Católico Hispano del Noreste y el SEPI estuvieron entre los primeros en ofrecer a los hispanos formación para estos ministerios. Las diócesis y las parroquias iniciaron sus propios programas. Muchos diáconos permanentes de origen hispano se sintieron llamados a su vocación después de haber colaborado con la liturgia.

Encontramos esfuerzos para secundar todo esto, de forma particular, en muchas comunidades que no cuentan con un sacerdote latino, donde a menudo los ministros de la liturgia y los diáconos son los primeros hispanos que vemos ayudando en las Misas. A muchos hispanos y otros católicos, el involucrarse en la celebración de la Misa como laicos les ayudó a entender de otra forma la Eucaristía. Ya no la veían como antes del Vaticano II. El verse a "uno mismo" proclamar las Escrituras, acercarse al altar con el sacerdote durante el rito de Comunión o dar el cuerpo y la sangre de Cristo fueron cambios que permitieron a los laicos realizar funciones reservadas antes al clero y transformaron la experiencia de su contacto con lo sagrado a través del Sacramento católico más reverenciado. Dado que la liturgia forma la imaginación colectiva de la gente, los líderes del ministerio hispano han pedido que se incluya en los ministerios de la liturgia a varios grupos étnicos de hispanos, mujeres y los que se encuentran más abajo desde el punto de vista socioeconómico. Lo hacen así porque les preocupa que el significado simbólico de los que dirigen a la comunidad en su culto, pueda inconscientemente dar la imagen de un elitismo contrario al espíritu de la Eucaristía como una reunión de toda la familia de Dios.

Una preocupación fundamental en el Instituto y entre otros líderes hispanos es construir una fuerte relación entre la Eucaristía y las expresiones culturales y de fe hispanas. Los predicadores hispanos se han ocupado de esto en ocasiones como la fiesta de la Virgen de Guadalupe, relacionando la Eucaristía, los textos de la Escritura y el relato de los encuentros de la Virgen con Juan Diego. Allan Figueroa Deck comentó en un sermón, en la fiesta de Nuestra Señora de Guadalupe, que la relación entre ella y sus fieles "es simplemente la de una cariñosa madre que literalmente cuida y se preocupa por sus hijos necesitados". Esto es solo la mitad del significado de la Virgen de Guadalupe: "la historia del Tepeyac", al igual que las lecturas del Evangelio para la fiesta de la Virgen de Guadalupe como la Anunciación del ángel a María (Lucas 1:26-38) y la Visitación de María a Isabel (Lucas 1:39-47), "retratan gráficamente el papel central del amor y el servicio en nuestra vida cristiana". Después de invitar a la gente a convertir en actos concretos su gratitud por el amor de Dios que nos dio a la Virgen de Guadalupe y la Eucaristía, concluye: "habiendo sido alcanzados y llenados por tal amor, ¿cuál será nuestra respuesta a otros, especialmente a los más necesitados?". Virgilio Elizondo habla de la dinámica de la conversión, de la transformación de la vida y del corazón a las que el Evangelio, la Eucaristía y el evento del Tepeyac invitan. Pide la claridad de mente y la fuerza para que él y su comunidad puedan evangelizar y llevar a otros a la "Santa montaña [del Tepeyac] y a través de ella [María] al gran banquete en la mesa de nuestro señor Jesucristo".

Los encargados del culto hispano también han tratado de incorporar las expresiones de fe comunitarias a la Eucaristía. En algunas comunidades, una celebración modificada de la posada abre la Misa nocturna de Navidad. Las posadas son una tradición que tienen algunas familias o barrios en la que los participantes acompañan en una procesión con velas a María encinta y su esposo, José, en el camino a Belén. En la víspera de Navidad, María y José son acogidos en la Iglesia de la parroquia, donde preceden la entrada de la procesión a la Misa de la noche acompañados por una canción típica de las posadas. Algunos párrocos y encargados de liturgia han prohibido, abreviado o simplemente nunca utilizado esta costumbre de unir las tradiciones devocionales con la celebración eucarística, temiendo que la centralidad del rito de la Misa se pierda. Pero quienes son favorables a estas prácticas sostienen que las expresiones de fe, como la posada, se enriquecen y su relación con la Eucaristía se ve fortalecida cuando se incorporan con cuidado. Para el P. Juan Sosa, estas expresiones "pueden enriquecer nuestras celebraciones eucarísticas e involucrar a la asamblea en una celebración más profunda del misterio pascual [la pasión, muerte y resurrección de Cristo]". En el caso de la posada y de la liturgia de Navidad, el rechazo que sufrieron José y María en Belén y el nacimiento de Cristo en un pesebre muestra que Dios ama y valora a los que este mundo ignora. Los encargados de la posada invitan a la gente a recibir a José y a María como expresión de la llamada que hace la liturgia navideña a que las personas acojan a Cristo y lo dejen nacer nuevamente en sus corazones.

Comunidad y culto

Los líderes hispanos sostienen que las expresiones de fe latinas sirven a una comprensión comunitaria de lo que es la persona humana, la cual configura las vidas de los latinos, su fe y su participación en la Eucaristía. Dado el énfasis que se da en la cultura moderna al individuo autónomo, la tendencia entre los hispanos a acentuar las relaciones como aquella entre Jesús y María presenta una visión alternativa sobre lo que constituye en su esencia nuestra humanidad. Numerosos dichos en español subrayan la convicción de que la persona se hace y se conoce profundamente a través de sus relaciones, como la popular expresión "dime con quién andas y te diré quién eres". Como un feligrés hispano comentó: "Nosotros los hispanos, no podemos conocer a alguien si no conocemos a su familia. Las primeras preguntas que hacemos cuando conocemos a alguien siempre son: '¿de dónde vienes? y ¿quién es tu familia?' ".

La dimensión comunitaria es evidente en las celebraciones hispanas del Viernes Santo, donde la individualidad, así como el éxito y la realización personal no son importantes, cuando se conoce con anticipación el terrible destino que espera a Jesús y a María. Como la expresión de condolencia que los hispanos con frecuencia utilizan en un velorio o en un funeral diciendo a aquellos que han perdido a un ser querido: "te acompaño en tus sentimientos", lo que importa el Viernes Santo es la compañía fiel. Los fieles caminan con Jesús y María en su camino al Gólgota y se introducen en el íntimo círculo familiar que forma el vínculo de la madre con el hijo. Los fieles hispanos acompañan a Jesús y a María en la oración, particularmente durante las horas oscuras del Viernes Santo, con la absoluta confianza de que Jesús y María también los acompañarán a su vez en sus batallas.

Los hispanos también tienen un profundo sentido de estar relacionados con los miembros de la familia y esto abarca tanto a los del Cielo como a los de la Tierra –santos y antepasados que caminan junto con ellos en las luchas del presente y las futuras generaciones por venir–, dando lugar a una espiritualidad que ayuda a celebrar la Eucaristía como comunión entre Dios y la humanidad. En general, las redes familiares y comunitarias son comparativamente más fuertes entre los católicos hispanos. Según los autores de *Adultos jóvenes católicos: la religión en la cultura de la elección*, comparados con los jóvenes no latinos, los jóvenes hispanocatólicos tienden más a vivir cerca de la casa de su familia después de la preparatoria, y esto no se debe a la falta de recursos económicos o de escolaridad. Los jóvenes latinos tienden dos veces más a casarse con otro u otra católica y a participar en una parroquia donde al menos tres de sus cinco amigos más cercanos son miembros. El estudio de 2006 "La fe importa" muestra que, entre los adultos casados, los católicos latinos se casan tres veces más con católicos que los anglocatólicos. Los resultados de este estudio también colocan a los latinocatólicos como el grupo con la más alta tasa de "homogeneidad religiosa de su familia, amigos y vecinos", más del doble que los anglocatólicos. Si bien la falta de integración puede influir en esta homogeneidad, estos datos muestran una dinámica comunitaria coherente con el énfasis hecho por las culturas hispanas en las relaciones humanas.

Aun así, el lugar central de la vida comunitaria tiene diversos grados en las distintas parroquias. En efecto, entre los hispanos el énfasis cultural que se hace en las relaciones humanas de ninguna manera se transforma automáticamente en un compromiso profundo con la parroquia y la comunidad. A menudo, incluso de forma más intensa que en otros católicos, los latinos giran alrededor de la vida de la parroquia con un fuerte espíritu de comunidad, pero el individualismo, la indiferencia religiosa, las preocupaciones cotidianas u otros grupos que no son la Iglesia pueden debilitar la atracción que sienten por su parroquia. Zulema Escamilla Galindo, líder en una parroquia de San Antonio, Texas, es consciente de la angustia de padres y abuelos que perciben estas tendencias en forma particularmente aguda entre sus jóvenes. Galindo anima a sus nietos y a otros jóvenes a participar en la comunidad parroquial y en las expresiones de fe hispanas, porque "necesitamos estas tradiciones para evangelizar a nuestros niños… Necesitamos darles [a nuestros jóvenes] algo que los pueda guiar". Lynette DeJesús Sáenz añade que como ministra de los jóvenes en una parroquia, ha "oído repetidamente historias de padres hispanos muy mortificados cuyos hijos no quieren participar en los programas del ministerio juvenil y en algunos casos, incluso, no quieren venir a la Iglesia".

Diversos obstáculos impiden la completa participación en los actos de culto de la parroquia a los jóvenes hispanos y también a los adultos. La Hna. Rosa María Icaza, CCVI, se lamenta de que muchos hispanos no toman parte completamente en la Eucaristía. Algunas veces no lo hacen porque la disciplina del sacramento se lo prohíbe por razones como no estar casados por la Iglesia; pero en otros casos se debe a una errónea comprensión de la humildad "como un exagerado sentido de 'indignidad'". También, la experiencia religiosa, tan emotiva y atractiva, que les dan las tradiciones de fe hispanas, puede llevar a las personas a sentirse ajenas a celebraciones de la Eucaristía, particularmente cuando el sacerdote y los encargados de la liturgia celebran en una forma muy rígida. El P. Arturo Pérez-Rodríguez añade que los esfuerzos superficiales para interesar a los hispanos no son adecuados: "hablar español, cantar usando la guitarra y colocar un sarape sobre el altar no hacen al culto hispano". Estas críticas están en la misma línea de lo que líderes del ministerio hispano han expresado acerca del insuficiente número de sacerdotes cuyos ministros "llenen [la celebración de la Eucaristía] con la profunda espiritualidad y gozo que caracterizan al Catolicismo hispano".

Renovación litúrgica

El culto latino y la devoción presentan un énfasis divergente a la hora de llevar a la práctica la renovación litúrgica del Vaticano II. En la renovación se ha acentuado el principio de la completa participación, a menudo llevado a la práctica en Estados Unidos a través de una asamblea reunida y la Palabra de Dios como elementos esenciales de la Misa y otros sacramentos, celebraciones en lengua vernácula en las que el sacerdote y la asamblea rezan en un formato dialogado y la remoción de la mayoría de las imágenes para que la atención esté centrada en el altar y el ambón desde el que las Escrituras son proclamadas. Más recientemente algunos han tratado de restaurar lo que perciben como una pérdida de la reverencia en las liturgias de la parroquia desde el Concilio Vaticano II, haciéndose eco de una preocupación presente entre varios líderes de la Iglesia. Quienes siguen esta línea ven sus esfuerzos respaldados por las directrices del Vaticano. Encuentran apoyo en la petición del Vaticano de que se hicieran nuevas traducciones de las oraciones del Misal "marcadas por un estilo más cercano al inglés hablado y una estructura gramatical que siga más de cerca el texto [original] en latín".

Los líderes del ministerio hispano subrayan que el Concilio Vaticano II apoyó las expresiones de fe adaptadas culturalmente como las que los latinos practican. Pero la queja del P. Juan Sosa recoge la de muchos latinocatólicos: "el Concilio trató de forma especial de detener los esfuerzos por deshacerse de todas estas devociones y reducirlas exclusivamente a la liturgia. Sin embargo, desafortunadamente, esto se ha convertido en la actitud y en actos concretos de muchos líderes de la Iglesia". Además, mientras muchos líderes euroamericanos de liturgia han subrayado el énfasis del Concilio en la "noble sencillez" del Rito Romano, los latinos insisten en que ello no impide ver la Eucaristía como una celebración, como una reunión de oración gozosa y festiva de la Iglesia en su peregrinar hacia Dios. Los puntos de vista de los latinos se reflejan en la enseñanza de los obispos sobre la liturgia en el documento *Encuentro y misión*, que sintetiza la insistencia de los hispanos en la necesidad de fomentar liturgias en las que las personas "vivan un verdadero espíritu de comunidad". Pide a los encargados de la liturgia asegurar a los fieles que "todos están invitados a compartir formas de oración que reflejen sus diversos valores culturales y tradicionales" y, de forma apropiada, "incorporar expresiones populares de fe (…) en las celebraciones litúrgicas".

Como sucede en la mayor parte del Catolicismo de Estados Unidos, la influencia dominante de los euroamericanos ha prevalecido sobre los hispanos en la renovación litúrgica oficial. Los católicos de habla inglesa desarrollaron un movimiento litúrgico bastante antes del Concilio Vaticano II y guiaron la puesta en práctica en Estados Unidos de sus directrices. Los hispanos llegaron más tarde a esta cita, sin una organización nacional dedicada a la renovación litúrgica hasta dieciséis años después de *Sacrasanctum Concilium*. Aun así, en aquel tiempo los latinos tenían muchos menos recursos y menos acceso a puestos clave de liderazgo. Además, la mayor parte de los líderes hispanos durante las décadas más importantes de la renovación después del Concilio se concentraron en lo que creyeron era más importante y urgente, es decir, reforzar el liderazgo del ministerio y llegar a todos los hispanos.

Aun así, el mayor contacto de no latinos con las tradiciones hispanas ha incrementado la influencia de esas tradiciones en las parroquias de Estados Unidos. Los fieles y sus líderes han respondido a las imágenes devocionales de los hispanos y a sus expresiones de fe en formas que van desde prohibirlas o restringirlas, hasta utilizarlas para promover causas de la justicia, verlas como una invitación a recuperar ellos mismos sus tradiciones étnicas de católicos o incorporarlas en las celebraciones de la Eucaristía. Algunos católicos no latinos han adoptado tradiciones como la devoción Guadalupana y, por el contacto con los hispanos, se han sentido animados a incrementar su piedad mariana.

Los rituales hispanos públicos también encuentran reacciones negativas y participación de no latinos en las calles de Estados Unidos. Quienes pasan por ahí ocasionalmente, miran con curiosidad la procesión de un Vía crucis público y algunos pocos lanzan insultos. Pero, por otra parte, la curiosidad, el ambiente de devoción de los eventos, el hacer algunas celebraciones bilingües y la colaboración del personal no hispano con las comunidades hispanas han atraído a participantes cada vez más diversos. Incluso los no católicos participan en celebraciones hispanas públicas como las del Viernes Santo. Después del Vía crucis en la catedral de San Fernando, en San Antonio, el ministro bautista Buckner Fanning aseguró: "cuando caminé detrás de Jesús en el Vía crucis, me pregunté qué habría hecho si hubiera estado ahí. La gente de San Fernando me llevó al interior de la pasión y me puso allí con Jesús". Los líderes hispanos sostienen que sus prácticas de devoción ofrecen un modelo viable para el culto público en una sociedad que a menudo acentúa las búsquedas espirituales individuales y la "privatización" de la religión. Como Virgilio Elizondo dice: "el aprecio de los latinos por los ritos públicos es una contribución que nosotros hacemos a la sociedad americana. Creo que hay hambre de ello en la vida americana. Esto te permite entrar y sentir la fuerza de una experiencia colectiva".

La dispersión geográfica de la población hispana en las últimas dos décadas ha expandido la influencia latina. Incluso los conflictos y debates acerca de las tradiciones hispanas y su lugar en la litúrgica revela que los latinos influyen en el culto de la parroquia y en los rituales públicos de forma significativa. El gusto de los hispanos por los ritos y las devociones, y su interés por una renovación litúrgica que incorpore sus expresiones de fe, es una de las dinámicas fundamentales en la vida de oración de numerosas parroquias católicas. Esta dinámica y los modos en que los líderes pastorales y fieles la acogen, refinan o rechazan, transforma las celebraciones eucarísticas que son el corazón de la fe y culto católicos.

CAPÍTULO 6

Transmitir la fe

Los alumnos de mis clases de Teología me han enseñado mucho acerca de las aspiraciones y luchas que los jóvenes hispanos deben afrontar por su identidad. Una joven me escribió acerca de su experiencia:

"Los inmigrantes vienen a Estados Unidos, no porque quieran sino porque lo tienen que hacer. Lo único que ellos realmente conocen y tienen es la Iglesia Católica, los que han sido católicos toda su vida saben lo que quiero decir. Día a día enfrentan diversas formas de opresión y racismo, y algunas veces no tienen absolutamente a nadie a quien acudir, excepto la Iglesia.

Ahora bien, ¿qué pasa si todo lo que sus hijos ven es ese sufrimiento? ¿Qué pasa si, día tras día, lo único que vieron fue a sus padres volviéndose a Dios y a María en todas sus dificultades, rezando el Rosario todos los días, pidiendo a santos patrones su intercesión, luchando en la vida por cierta esperanza o recompensa que solo viene por ser fiel? Personalmente yo soy una de esos hispanos. No puedo ir a Misa sin sentir que tengo que sufrir. Solo conozco el sufrimiento de Jesús porque es la forma en que lo he experimentado a Él a través de mi madre. Por tanto, ahora siento que la Iglesia, es más, el Cristianismo no tiene nada que ofrecerme, aunque sé que lo tiene y me gustaría recibirlo, pero mi experiencia e identidad como católica están envueltas en sufrimiento.

La Iglesia estuvo allí con mi mamá en sus sufrimientos y yo la sentí y la ame por eso. Se convirtió en parte de mí, pero esa ya no es más mi experiencia de vida. He aprendido que no debemos sufrir por todo. Tengo recursos para luchar contra la opresión".

Mientras los líderes de la pastoral hispana podrían responder que la fe en sí misma es un recurso para hacer frente al sufrimiento y la opresión, la percepción de esta hija de las diferencias entre su experiencia del Catolicismo y la de su madre muestra el reto de la transmisión de la fe entre los hispanos: estrategias para atraer a una generación, particularmente a la primera generación de inmigrantes, pueden fácilmente tener menos resonancia en la generación de los hijos. Algunos jóvenes latinos y latinas perciben la fe de los mayores como demasiado obsesionada por el sufrimiento, conectada con su tierra natal, concentrada en la estricta obediencia a la autoridad y demasiado simplista o irrelevante para abordar las realidades de la vida contemporánea. Incluso los hispanos como mis alumnos que "aman" a la Iglesia por la gratitud de haber nutrido su fe, reconocen que "se convirtió en parte de mí" y dicen que les gustaría involucrarse más en su vida, luchan para ver la importancia de la fe. Otros raramente lo intentan.

Varios estudios demuestran que los jóvenes hispanos participan en la Misa dominical y en las prácticas católicas de devoción, al menos igual que los euroamericanos, aunque como suele suceder con los jóvenes, su nivel de participación es relativamente bajo. Estudios en los que los mismos encuestados informaban de su afiliación religiosa, indican que Estados Unidos enfrenta un inmenso reto pastoral por el declive de la pertenencia a la Iglesia con el paso de las generaciones de hispanos. El informe de HCAPL mostró que los católicos latinos que se catalogaron a sí mismos como tales cae desde un setenta y cuatro por ciento en la primera generación, hasta un setenta y dos por ciento en la tercera generación. Otras fuentes revelan que el aprendizaje del inglés está relacionado con el declive de la afiliación al Catolicismo. Así pues, el factor clave en la transición de las generaciones para los latinos es el incremento de los hispanos nacidos en Estados Unidos que hablan inglés y se sumergen más en el ambiente social americano. Ken Johnson-Mondragón, miembro del ministerio nacional latinocatólico de jóvenes y adultos jóvenes - Instituto Fe, sostiene que "la amplia brecha entre el setenta y cuatro por ciento de adolescentes que dominan el español y que son católicos, y el cincuenta y siete por ciento de los adolescentes hispanos que dominan el inglés y que son también católicos indica que los hispanos más adaptados a la cultura americana son más proclives a ser protestantes y menos católicos". Estos datos también reflejan el número creciente de hispanos que responde "sin religión" a las preguntas del estudio.

Ningún factor afecta más a los esfuerzos por formar a los jóvenes hispanos en la fe católica, que la dinámica que se da en la transición generacional, a través de la cual muchos hispanos pasan mientras se adaptan a la vida en Estados Unidos. Según cálculos del Instituto Fe y Vida, en 2007, de los nueve millones de hispanocatólicos entre los trece y los veintinueve años, el cuarenta y cinco por ciento eran inmigrantes, treinta y dos por ciento hijos de inmigrantes y treinta y tres por ciento hijos de padres nacidos en Estados Unidos. Los adolescentes y adultos jóvenes hispanos del mañana serán una proporción mucho más grande de la segunda y de las siguientes generaciones de niños. Durante las próximas tres décadas, el número de latinos de tercera generación será el triple; de segunda generación, el doble; y el porcentaje de inmigrantes de primera generación declinará.

Los jóvenes hispanos son cruciales para el futuro del Catolicismo en Estados Unidos. La catequesis de hoy a jóvenes latinos influirá en las vocaciones al sacerdocio, a la vida religiosa, al diaconado permanente y al ministerio eclesial laico del mañana. Los latinos ya comprenden dos terceras partes de los católicos menores de treinta y cinco años que acuden a la Iglesia regularmente. Un estudio de 2009, hecho por el *Pew Hispanic Center*, sobre los jóvenes latinos reporta que los hispanos comprenden "el más joven grupo minoritario de Estados Unidos". Los investigadores declaran que "nunca antes en la historia de este país una minoría étnica había sido tan grande entre los americanos más jóvenes".

Los obispos católicos como el arzobispo Gómez y otros líderes ven a los jóvenes latinos como una fuente de energía y renovación para la Iglesia. El compromiso de fe de los jóvenes hispanos fue evidente en el primer Encuentro Nacional de Pastoral Juvenil Hispana, un punto de referencia que la Red Nacional Católica de Pastoral Juvenil Hispana-La Red convocó en coordinación con el Secretariado para

Asuntos Hispanos, el Comité Episcopal para Asuntos Hispanos, entre otros. Participaron alrededor de 40,000 jóvenes y líderes del ministerio en Encuentros a nivel parroquial, diocesano y regional que culminaron con una reunión nacional en la Universidad de Notre Dame. El documento conclusivo del Encuentro presenta su visión para el ministerio y la evangelización de los jóvenes, y sostiene que "la nueva vida que están dando a nuestra Iglesia proviene del celo apostólico de jóvenes que, habiendo puesto a Jesús en el centro de su vida, dedican horas y más horas a compartir y fomentar la fe con sus compañeros".

Aun así, en el documento *Encuentro y misión*, los obispos de Estados Unidos declaran que el ministerio juvenil en las parroquias "en la mayoría de los casos no llega a incluir a los jóvenes hispanos" y que "los adolescentes hispanos nacidos en Estados Unidos son el segmento más grande de los jóvenes hispanos y los menos servidos". En un estudio de 1999, los obispos de Estados Unidos, evaluándose a sí mismos, consideraron los programas para jóvenes como la parte menos efectiva del ministerio hispano en sus diócesis. En su declaración de 2005 *Renovar nuestro compromiso con las escuelas católicas de nivel elemental y secundaria en el tercer milenio*, escribieron que las escuelas católicas "deben reflejar esta realidad [la expansión de la presencia hispana] y alcanzar y acoger a los hispanos". Los jóvenes latinocatólicos son una fuerza significativa para el Catolicismo de Estados Unidos, pero hay considerables obstáculos para que esa fuerza sea desplegada. El reto central para los católicos es transmitir la fe, lo cual trata de hacerse en las familias, en los grupos de jóvenes y adultos jóvenes, en los retiros y movimientos apostólicos, en los programas de catequesis, en las escuelas católicas y en los ministerios de las universidades. Los estudios sobre la transición generacional entre los latinos, los esfuerzos para desarrollar iniciativas de educación y de ministerios que comprometan a los jóvenes hispanos y el estado actual de esas iniciativas son cruciales para entender este importante segmento de la población católica de Estados Unidos.

Hijos de inmigrantes

Los niños con al menos un padre inmigrante son la mayoría entre los jóvenes hispanos de la actualidad. Muchos de estos niños permanecen en el país de origen con amigos o familiares cuando uno de los padres cruza la frontera para ganar el dinero necesario o son enviados otra vez a casa por un tiempo, de forma que puedan mejorar su español, aprender la cultura de su tierra o escapar de lo que sus padres perciben como las malas influencias de crecer en Estados Unidos. Los períodos de separación conllevan tensiones previsibles. Muchos niños se sienten abandonados, incluso si reconocen el sacrificio que están haciendo sus padres para mantenerlos y los padres se sienten culpables, y a veces molestos, al ver que sus hijos están enojados por la separación, en vez de tener gratitud por su sacrificio. Para algunos la fe fortalece la perseverancia y los lazos familiares. El contacto con la familia extensa a menudo tiene un fuerte influjo. Una joven latina entrevistada para el estudio sobre adultos jóvenes, contó que ella y sus hermanos pasaban los veranos en México, donde su abuela los llevaba a Misa todos los días, rezaba el Rosario con ellos y les daba "la única educación religiosa formal que tuvimos". Aun así, para muchos padres el contacto irregular con sus hijos es un obstáculo para la transmisión de valores fundamentales como la religión.

El flujo de inmigrantes entre las naciones ha creado familias con un "estatus mixto", con algunos niños nacidos como ciudadanos americanos en Estados Unidos y otros nacidos en otra parte. Nada menos que 2.3 millones de familias indocumentadas tienen al menos un hijo que es ciudadano americano. El estatus mixto puede causar estragos en las relaciones familiares. Una pareja ecuatoriana se separó después de años de extrañar su casa y de luchar contra la pérdida de la familia, los amigos y la profesión de los que habían disfrutado en su país. Su hija mayor obtuvo buenas calificaciones en la escuela, pero a causa de su estatus de indocumentada, tuvo dificultades para ir a la universidad. Su hermano más joven, nacido en Estados Unidos, desperdició el privilegio de su ciudadanía con la falta de motivación. Incluso sorprendió a la familia cuando le dijo que le gustaría regresar a Ecuador. Mientras su padre revisaba su trabajo en la escuela para animarlo a superarse, su madre expresó la resignación sacrificada de muchos inmigrantes: "Mis esperanzas están muertas. En este preciso momento solo pensamos en la educación de los niños y en su futuro. Dejémoslos alcanzar sus metas y realizar sus sueños". En medio de horarios de trabajo agotadores, preocupaciones y privaciones, ninguno de los padres dedicó mucho tiempo a nutrir su fe o a transmitirla a sus hijos.

Incluso cuando las familias permanecen físicamente intactas, los padres encuentran considerables dificultades para transmitir sus valores y su fe. Como lo dice el título de un estudio de 2009 del *Pew Hispanic Center*, la existencia cotidiana de muchos jóvenes latinos se da en la intersección "entre dos mundos": Estados Unidos y el mundo de sus familias de origen hispano. Carlos Carrillo, líder del ministerio hispano para jóvenes, comenta que la comunicación entre muchos padres inmigrantes y sus hijos carece del necesario conocimiento del lenguaje primario del otro y, por parte de los mayores, falta el conocimiento de lo que significa crecer en Estados Unidos. Por el contrario, muchos hijos de inmigrantes no tienen una amplia experiencia de lo que significa vivir en el país de origen de sus padres. Juzgan los valores de sus mayores de acuerdo con lo que escuchan en los medios de comunicación y de sus amigos. La fe católica de los padres inmigrantes puede parecer a los hijos, nacidos o criados en Estados Unidos, como una tradición entre otras, anticuada, y que proviene de su tierra natal.

Muchos estudiosos han identificado lo que ellos llaman la "paradoja inmigrante". Los resultados de sus estudios muestran que los inmigrantes hispanos tienden a "ser más sanos que sus hijos nacidos en Estados Unidos, tener una tasa menor de divorcio, experimentar menos problemas mentales o emocionales, tener tasas inferiores de encarcelación y, bajo todos los aspectos, superan a la segunda generación en una variedad de indicadores de bienestar". El estudio del *Pew Hispanic Center* encontró que la segunda generación de jóvenes latinos está expuesta más del doble que los jóvenes de la primera generación a caer durante el año anterior en tres comportamientos de riesgo: llevar consigo un arma, verse involucrados en una pelea y haber sido amenazados con un arma. Los jóvenes hispanos nacidos en Estados Unidos son dos veces más propensos que los jóvenes inmigrantes latinos a tener un amigo o familiar que fue o es miembro de alguna banda callejera. Los latinos nacidos en Estados Unidos también tienen una mayor tasa de encarcelamiento. De acuerdo con los investigadores del *Pew*, la práctica religiosa es un factor clave para explicar la paradoja inmigrante. Mientras más práctica religiosa tienen los jóvenes, menos propensos son a los comportamientos de riesgo, por tanto, cuando una mayor participación religiosa de los jóvenes hispanos inmigrantes es "tomada en cuenta, la 'brecha de comportamiento de riesgo' entre los jóvenes inmigrantes y sus compañeros nacidos en Estados Unidos se hace más angosta o desaparece".

Categorías de jóvenes

Para ayudar a evaluar el reto de la transmisión de la fe a jóvenes latinocatólicos, Johnson-Mondragón clasifica a los jóvenes hispanos en cuatro categorías: trabajadores inmigrantes que hablan español; jóvenes que han entrado en la "corriente principal de Estados Unidos" y que han buscado o alcanzado un estatus y adaptación de ciudadano plenamente americano; bilingües "buscadores de identidad" negociando entre las culturas; miembros de bandas y jóvenes de alto riesgo.

Los trabajadores jóvenes inmigrantes que hablan español vienen a Estados Unidos después de cumplir 15 años. Estando entre el treinta y cinco, y el cuarenta y cinco por ciento de los jóvenes hispanos católicos, tienen menos medios económicos y educación formal; prefieren hablar español; y trabajan en el sector de servicios, agricultura y en trabajos manuales. Las conclusiones del primer Encuentro Nacional de Pastoral Juvenil Hispana aseguran que su situación precaria es a menudo de gran sufrimiento: soledad al estar lejos de la familia y de casa, experiencias de marginalización y discriminación, y vivir en un ambiente dañado por la violencia y las tentaciones de caer en alguna adicción. La mayor parte son de México y cerca de la mitad no tienen documentos. Algunos emigraron con sus familias. Muchos otros viven en Estados Unidos sin sus familias que están en casa, lo que los lleva a involucrarse en parroquias católicas y movimientos apostólicos como un medio para construir redes de amigos y fe.

Los trabajadores inmigrantes llevan consigo una experiencia de fe enraizada en ministerios de América Latina llamados "pastoral juvenil". Estos grupos y movimientos apostólicos han formado a jóvenes en su fe e inculcado en los inmigrantes el deseo de encontrar o crear ministerios similares en Estados Unidos. Delegaciones de obispos y líderes del ministerio con jóvenes de Estados Unidos han participado en América Latina en Encuentros de Directores de Pastoral Juvenil por más de dos décadas. Dos centros de Estados Unidos que promueven el ministerio con los jóvenes y los adultos jóvenes, el Instituto Fe y Vida y el SEPI, son miembros de la Red Latinoamericana de Institutos y de los Centros de Pastoral Juvenil Nacionales y Regionales. Incluso la terminología y la comprensión de la juventud como una etapa de la vida, refleja la influencia de Latinoamérica. Muchos ministros de habla hispana reflejan la perspectiva de las culturas hispanas en las que "joven" se refiere a una persona soltera entre los dieciséis y los treinta años, pero no a los que tienen una edad similar pero que ya están casados y con familia. La respuesta a los abusos sexuales de clérigos ha cambiado esta clasificación en algunos lugares con una "pastoral para adolescentes", esto es, para separar a menores de edad de aquellos que ya no lo son. En otras parroquias y diócesis de Estados Unidos sigue vigente la terminología latinoamericana de "joven" y "pastoral juvenil".

Entre sus amigos que son jóvenes hispanos, los trabajadores inmigrantes tienden a practicar devociones hispanas tradicionales y a conservar su afiliación católica. Estos jóvenes establecen grupos de oración, de retiros, coros para la Iglesia y grupos de amigos por sí mismos, aunque generalmente buscan el apoyo de un sacerdote o parroquia. El joven inmigrante a menudo no tiene liderazgo ni formación en la fe, pero muchos están atentos para adquirirlos cuando sea posible. Los obispos dicen en *Encuentro y misión* que algunos líderes de pastoral perciben estas iniciativas juveniles como separadas de la parroquia y "hay resistencia a aceptarlas, reconocerlas y apoyarlas", incluso aunque ayuden a "llenar un vacío" para atender a los jóvenes de habla hispana. Johnson-Mondragón lamenta tales "convicciones pastorales desorientadas" entre el personal diocesano, los párrocos y los ministros de jóvenes que no logran guiar y apoyar la pastoral juvenil o incluso "apagan el ministerio o impiden su nacimiento en la parroquia o en la diócesis". Sin embargo, los ministerios que involucran sobre todo a jóvenes inmigrantes con un lenguaje y estilo que les es familiar, obtienen los resultados más dinámicos de todas las iniciativas para jóvenes latinos.

Los jóvenes hispanos que han entrado en la corriente principal de Estados Unidos (*mainstream*), por el contrario, se han adaptado ya a la vida en su nuevo país. Son un grupo más pequeño, del quince al veinticinco por ciento, plenamente ciudadanos americanos e hijos o nietos de inmigrantes. La mayor parte habla inglés; los que hablan español tienden a usarlo por motivos profesionales. Tienen ventajas, entre ellas provienen de una familia más privilegiada que les permitió tener un nivel de educación y un estatus socioeconómico que favorece su crecimiento en la sociedad americana. Algunos vuelven a su comunidad hispana, pero otros ven a sus compañeros latinos como faltos de iniciativa o como obstáculos para su propio éxito. Algunos se disocian del "bajo" estatus de ser hispano o critican a las comunidades hispanas como inhibidoras del progreso de los latinos. Estas actitudes pueden condicionar su percepción del Catolicismo, especialmente si ven las prácticas religiosas de los hispanos católicos como vestigios de una herencia inmigrante anticuada y los hace más susceptibles de unirse a iglesias protestantes o simplemente de no practicar ninguna religión. Sus vidas ocupadas y su éxito profesional pueden llevarlos a dejar de practicar su fe.

Quienes han entrado a la "corriente principal" de Estados Unidos y están involucrados en los ministerios juveniles, se adaptan más fácilmente a grupos de jóvenes y adultos jóvenes en una parroquia de habla inglesa y al compromiso en escuelas católicas, ministerio universitario y retiros para jóvenes como Encuentro con Cristo de Adolescentes (TEC) y Kairós. Muchos se sienten motivados a profundizar en su fe por apostolados, basados en la fe, para ayudar a los necesitados, proteger el ambiente o para crear un mundo más justo. Dos declaraciones pastorales de los obispos de Estados Unidos, *Renovemos la visión: fundamentos para el ministerio con jóvenes católicos* e *Hijos e hijas de la luz: plan pastoral para el ministerio con jóvenes adultos*, abordan las iniciativas del ministerio con adolescentes y adultos jóvenes. Una joven católica de Arizona muestra su influencia. Creció en las tradiciones mexicanas de su madre y de su barrio, su fe se nutrió en el Newman Center, el ministerio de su universidad, el trabajo social –inspirado en la fe– en el Cuerpo de Voluntarios Jesuita y en grupos de discusión para adultos jóvenes llamados "Teología de barril" (*Theology on Tap*). Los católicos comprometidos como ella pueden ser valiosa "gente-puente", líderes que pueden construir puentes entre los hispanos y gente de otro contexto cultural.

La categoría de los *buscadores de identidad* abarca entre el veinticinco y el cuarenta y cinco por ciento de los jóvenes latinos. Su dificultad está en encontrarse entre la nostalgia por la tierra natal de sus padres y la nueva tierra en la que han crecido. Al no sentirse ni completamente en el mundo de los inmigrantes hispanos ni en la cultura americana, buscan una identidad y autoestima. Muchos son bilingües, pero hablan inglés con sus amigos. El aguijón del prejuicio y el haber sido educados en escuelas públicas con altas tasas de abandono socava sus probabilidades de superación. Una espiral de aburrimiento y odio hacia la sociedad o hacia sí mismos al ver que sus vidas no progresan puede conducirlos a comportamientos destructivos como el alcohol, el uso de drogas y la promiscuidad sexual.

El ministerio para jóvenes de la parroquia en inglés y el de lengua española, la pastoral juvenil, pueden salir al encuentro de su deseo de pertenencia ofreciéndoles un grupo acogedor al que se puedan unir. Aunque muchos no logran participar en esos grupos, los que lo hacen se sienten atraídos porque se identifican con sus líderes y miembros como compañeros en su búsqueda de identidad y de sentido de la propia valía. Los líderes del ministerio hispano y los jóvenes hispanos han iniciado esfuerzos para salir al encuentro de su situación bicultural, los cuales van desde haber enviado compañeros como delegados para hablar al ministerio hispano de jóvenes en el Segundo Encuentro de Pastoral Hispana de 1977, hasta programas bilingües como *RESPETO: un currículo para la formación del liderazgo en los jóvenes latinos.* Aun así, como los obispos de Estados Unidos lo confirman en *Encuentro y misión,* una necesidad "vital" en el ministerio hispano sigue siendo que se "desarrollen modelos ministeriales que respondan a las necesidades y aspiraciones específicas de los jóvenes hispanos nacidos en Estados Unidos".

La categoría final, los miembros de bandas callejeras y jóvenes de alto riesgo, suele estar formada por jóvenes nacidos en Estados Unidos o que llegaron aquí a temprana edad. El estudio del *Pew Hispanic Center* encontró que el tres por ciento de los jóvenes latinos son o eran miembros de bandas callejeras. El informe nacional sobre juventud y bandas callejeras reporta que el siete por ciento de los hispanos varones y el 0.5 por ciento de las mujeres hispanas entre quince y veinticuatro años de edad eran miembros activos de bandas callejeras en 2008. Aun así, la mayor parte de los jóvenes latinos no son ni miembros de bandas callejeras ni están en la cárcel. Aun cuando siga aumentando el número de jóvenes latinos a alto riesgo de caer en abuso de drogas, violencia u otra actividad criminal, Johnson Mondragón estima que este sigue siendo el grupo más pequeño de sus cuatro categorías; sin embargo, es todavía una trágica proporción del diez al quince por ciento de los jóvenes hispanos.

Las parroquias, las diócesis y los institutos de pastoral han comenzado escasamente a trabajar con estos jóvenes latinos. El P. Greg Boyle y sus hermanos jesuitas en *Dolores Mission,* al este de Los Ángeles, comenzaron en 1988 un ministerio entre los latinos miembros de bandas callejeras llamado "Trabajos para un futuro" (*Jobs for a Future*). Sus esfuerzos llegaron más allá de la parroquia y se convirtieron en *Home-boy Industries*, un esfuerzo reconocido a nivel nacional para ofrecer a los jóvenes una vía de salida de las pandillas callejeras y ayudarles en una transición a una nueva vida. Antiguos miembros de pandillas o ex prisioneros que han tenido una profunda experiencia de conversión y de fe, son los mejores ministros para los jóvenes latinos de alto riesgo. Para los latinos y para otros jóvenes involucrados en este ciclo destructivo, lograr conducirlos a una radical conversión religiosa es algo muy difícil. Desgraciadamente, estos esfuerzos son esporádicos, al igual que son esporádicos los líderes preparados para llevarlos adelante y los recursos de la Iglesia para apoyar estos ministerios.

Transmitir la fe

Johnson-Mondragón concluye que la falta de ministros aptos para las diversas situaciones que se presentan entre los jóvenes latinos, es el mayor obstáculo para alimentar su fe católica y la práctica de la misma. Los líderes del ministerio hispano para jóvenes y adultos jóvenes coinciden en su documento del primer Encuentro Nacional en que "se necesita creatividad y diversidad de propuestas pastorales" para involucrar a los jóvenes hispanos porque "un solo modelo no sirve para todos". Aun así, los delegados del Encuentro y el documento de los obispos de Estados Unidos *Encuentro y misión* señalan que "la mayoría de los programas de pastoral juvenil en la parroquia sirve a una población que en su mayoría es de raza blanca, de ascendencia europea, de clase media y habla inglesa" y no llega a muchos jóvenes hispanos a causa de las diferencias culturales, educativas y económicas. Los datos del Estudio Nacional sobre Juventud y Religión confirman que la participación de los hispanos en los grupos de jóvenes de las parroquias se incrementa en la medida en que los ingresos económicos crecen y es todavía más alto para los latinos que dominan el inglés. Los ministerios actuales encuentran más resonancia en la minoría de hispanos más adaptados a la cultura americana (*mainstream movers*) que en los otros tipos de acuerdo con la clasificación de Johnson-Mondragón.

Quienes apoyan el ministerio hispano para jóvenes y adultos jóvenes sostienen que atender a los jóvenes latinos puede significar formar dos o más grupos para salir al encuentro de su diversidad en las parroquias. La directora del Instituto Fe y Vida, Carmen Cervantes, invita a los líderes pastorales a adoptar una estrategia de "comunidad de comunidades" en el ministerio con jóvenes y adultos jóvenes: dos o más pequeñas comunidades de fe en una parroquia pueden salir al paso de diversas necesidades, aunque se sigan reuniendo para los actos de culto y otras actividades comunes, de la misma forma que los grupos parroquiales tienen funciones particulares, pero se siguen reuniendo para la Misa dominical y para los eventos de toda la parroquia. Esta estrategia de comunidad de comunidades, "si se hace bien, crea espacios para que los diversos grupos participen en la vida de la parroquia superando las diferencias culturales y socioeconómicas que frecuentemente llevan a la alienación y separación", dice Carmen Cervantes.

Muchas iniciativas ya dan formación en la fe a los jóvenes latinos. Los jóvenes hispanos y los adultos que trabajan con ellos, han iniciado y mantenido ministerios a menudo en lugares donde las estructuras de las parroquias y diócesis no logran involucrar a los jóvenes hispanos. Los logros de los movimientos apostólicos y de los grupos de jóvenes que participaron en el primer Encuentro Nacional para el Ministerio de los Jóvenes y Adultos Jóvenes Hispanos revela la amplia gama de estos ministerios. Entre los grupos representados estuvieron aquellos que tienen presencia entre los jóvenes como la RCC, Jóvenes para Cristo y Cursillos, así como grupos de lugares particulares como Cristo y Yo, Ministerio Alianza Nueva y *Youth to Youth*.

El deseo de los jóvenes hispanos de servir puede verse en la experiencia de un inmigrante que se estableció en Chicago y dice: "cuando llegué, busqué un grupo de jóvenes como aquél al que pertenecí en Guatemala, pero no pude encontrar ninguno". Después de cuatro años de búsqueda: "encontré una pequeña comunidad de jóvenes de mi edad". La fe y la comunidad que el encontró en aquel grupo lo llevó a querer formarse como líder para la pastoral juvenil:

"siento que Dios me está llamando para impedir que otros jóvenes ahí fuera se pierdan y desorienten sin encontrar una comunidad que los apoye y ayude a vivir su fe".

Las organizaciones del ministerio hispano han apoyado a los jóvenes en sus esfuerzos. El SEPI ha creado programas de formación en colaboración con líderes para el ministerio con jóvenes hispanos. Han aparecido publicaciones preparadas por ministerios de jóvenes hispanos y adultos jóvenes incluyendo a los del *Hispanic Publishing Project*. El Instituto Fe y Vida es el que más ha hecho para hacer crecer el ministerio con los jóvenes hispanos a través de sus programas nacionales de capacitación para el liderazgo dirigidos a jóvenes latinos y a aquellos que trabajan con ellos; la preparación de recursos para el ministerio; y su Centro Nacional de Investigación y Producción de Recursos para el Ministerio de los Jóvenes y Adultos Jóvenes Hispanos.

El trabajo del Instituto Fe y Vida complementa el de la Red Nacional Católica de Pastoral Juvenil Hispana – La Red, creada por jóvenes latinos en 1997. La Red convocó en 2006 un evento de gran importancia: el primer Encuentro Nacional de Pastoral Juvenil Hispana y está ahora trabajando por llevar a la práctica sus conclusiones. Las iniciativas de La Red se concentran en promover la formación y el liderazgo entre los jóvenes hispanos, así como desarrollar modelos de pastoral, métodos, estrategias y recursos que les permitan vivir como discípulos activos.

Los ministerios de la catequesis son otro camino para transmitir la fe a los jóvenes latinos. La modalidad más antigua de este ministerio entre los hispanos son las abuelas, los padres, otros miembros de la familia y los catequistas. A menudo ellos han catequizado a los jóvenes siguiendo una modalidad tradicional llamada "la doctrina", que se centra en la memorización de oraciones y de los principales puntos de la doctrina católica. "La doctrina" se ha extendido gracias a los esfuerzos de los Misioneros Catequistas de la Divina Providencia (MCDP), de la Organización Nacional para la Catequesis con los Hispanos y la Federación para la Catequesis con los Hispanos.

En Estados Unidos, ningún hispano ha sido más influyente en el ministerio de la catequesis que la Hna. María de la Cruz Aymes, SH, quien fue catequista en su tierra natal en México durante la rebelión cristera. En Estados Unidos creó la colección *En nuestro camino*, que utilizaban la Escritura, la liturgia y la experiencia cotidiana de la vida junto con la doctrina católica como las fuentes principales para lograr una formación en la fe integral. Aymes creó un programa influyente "Fe y cultura", para formar catequistas hispanos y ayudó a preparar las directrices de la catequesis *Sin Fronteras* para la evangelización y educación religiosa de los migrantes latinos en dieciocho diócesis a ambos lados de la frontera entre México y Estados Unidos.

Una consulta nacional, de 2008, realizada a través del Secretariado para la Diversidad Cultural de la Conferencia Episcopal de Estados Unidos, ofreció información de los esfuerzos que se están realizando para mejorar la formación en la fe de los hispanos. Los participantes dieron mucha importancia a la catequesis tipo familiar que involucra a los padres en la formación religiosa de sus hijos, logrando la participación de los padres, no solo en la preparación de sus hijos para los sacramentos, sino también en la formación que reciben año con año. Reconociendo las diferentes experiencias de los inmigrantes y de la siguiente generación de hispanos, así como los diversos contextos culturales entre los latinos, los consultores abogaron por el uso de varias lenguas o catequesis bilingüe según fuera necesario. Hicieron un llamado a la flexibilidad a la hora de adaptar el tipo de catequesis y los textos, tales como publicaciones accesibles escritas por y para los hispanos de Estados Unidos. Mencionaron la necesidad de contar con líderes en la parroquia y la diócesis para trabajar más cerca de los movimientos apostólicos, los cuales forman a numerosos hispanos en su fe y ofrecen muchos líderes deseosos de compartir su fe como catequistas. Los consultores subrayaron que las pequeñas reuniones comunitarias y un fuerte testimonio de evangelización son elementos para la formación en la fe que producen buenos resultados con los hispanos. Anotaron también la urgencia de una mayor colaboración en el Catolicismo de Estados Unidos entre las organizaciones hispanas católicas y los líderes, las parroquias, las diócesis, los institutos de pastoral, las universidades y las editoriales católicas para expandir y mejorar las iniciativas orientadas a mejorar la catequesis de los hispanos.

También se están realizando esfuerzos para incrementar la educación católica de los hispanos en las escuelas parroquiales y en las preparatorias. Hay un buen trabajo, tanto para dar formación en la fe y porque, como sostiene el reporte de 2009 preparado por un Equipo Especial de Notre Dame sobre la participación de los niños latinos y sus familias en las escuelas católicas, los alumnos que se encuentran en desventaja como los pobres o los latinos que pertenecen a la clase trabajadora "se benefician de la escuela católica más que cualquier otro grupo". En muchas diócesis, los obispos y los líderes de educación han realizado campañas para conseguir donativos que se destinan a becas escolares, como la Fundación para la Educación Católica, en Los Ángeles; el fideicomiso *Seeds of Hope Charitable Trust*, en Denver; y el fondo *Big Shoulders Fund*, en Chicago. Los Jesuitas, los Hermanos Cristianos y profesionales laicos han creado la red nacional de preparatorias Cristo Rey y las escuelas medias *NativityMiguel* para estudiantes pobres provenientes de familias de clase trabajadora; casi la mitad de los estudiantes en estas escuelas son hispanos. En la Universidad de Notre Dame se estableció la Alianza para la Educación Católica (ACE, por sus siglas en inglés) en 1994. Los profesores de ACE son universitarios recién graduados que ayudan en las escuelas católicas con pocos recursos por dos años, viven en comunidad con otros profesores de ACE, reciben formación espiritual y obtienen una maestría en educación a través de cursos de verano y a distancia. Cerca de 200 profesores ayudan cada año en escuelas de parroquias católicas y preparatorias en más de treinta localidades a lo largo de Estados Unidos, incluyendo algunas comunidades predominantemente hispanas. La Escuela de Educación en la Universidad Loyola Marymount de Los Ángeles es otra institución pionera en los esfuerzos por crear escuelas católicas y llegar a los hispanos, con iniciativas como "Liderazgo en la equidad", "Defensa" y "Diversidad y educación superior católica colaborativa" que fomentan la colaboración entre las instituciones católicas de educación superior y las escuelas católicas.

El reporte de 2009 del Equipo Especial de Notre Dame presentó una estrategia para duplicar el porcentaje y triplicar el número de estudiantes hispanos en escuelas parroquiales y preparatorias católicas, para llegar a un millón en el año 2020. Muchos estudiantes latinos acuden a escuelas públicas en barrios pobres "altamente segregadas" que "tienden a ser las que menos fondos reciben, con pocos cursos avanzados y los cursos con los niveles técnicos más bajos", dijo el reporte. En comparación con los jóvenes latinos que estudian en escuelas públicas, los que estudian en escuelas católicas tienen una menor tasa de fracaso escolar: un cuarenta y dos por ciento más se gradúa de la preparatoria, y dos veces y media más de la Universidad.

Los padres hispanocatólicos han comentado que el mayor obstáculo para inscribir a sus hijos en las escuelas católicas es el costo de la colegiatura. Miembros del Equipo Especial estiman que las escuelas católicas tienen más de 691,000 puestos vacantes y que las diócesis con el mayor número de lugares libres tienen grandes poblaciones de latinos: Nueva York, Filadelfia, Chicago y Los Ángeles. Lo que se debe lograr es poner en contacto a familias que desean una educación católica para sus hijos con las escuelas que necesitan alumnos, usando estrategias innovadoras como colegiaturas de "costo compartido justo", que reparte los costos en una proporción variable de acuerdo con la capacidad de pago de cada familia. Entre las barreras para ganar alumnos de origen hispano está la falta de *marketing*, escasos esfuerzos para divulgar información de las escuelas en español, percepción de los latinoamericanos de que las escuelas católicas son instituciones para ricos y la presencia relativamente baja de profesores hispanos y personal de habla hispana en los equipos de la escuela. El Equipo Especial aborda estos obstáculos a través de recomendaciones a las familias latinas y los líderes de comunidades latinas, la Iglesia, las escuelas, el público en general y las instituciones de educación superior.

Afrontando el tema del acceso de los hispanos a la educación superior, Mons. Patricio Flores, arzobispo emérito de San Antonio, fundó el Fondo Hispano de Becas, que ha conseguido casi 300 millones de dólares para cerca de 100,000 estudiantes universitarios. Dos terceras partes de ellos fueron los primeros miembros de su familia en recibir educación universitaria. En 2008, la Asociación Católica de Facultades y Universidades presentó una lista de diez instituciones católicas de educación superior con al menos una cuarta parte de hispanos matriculados. Un número creciente de casi 250 instituciones católicas de educación superior en Estados Unidos tienen campañas para ganar y retener a estudiantes latinos.

Las escuelas parroquiales y las preparatorias católicas tienen entre sus alumnos solo al tres por ciento de los niños y adolescentes católicos hispanos. Miembros del Equipo Especial de Notre Dame subrayaron cuán grande es la necesidad de incrementar la educación católica entre los hispanos: "Por supuesto que a pesar de todas las preocupaciones y los desafíos que van surgiendo reconocemos y aceptamos que nuestra mayor inquietud es: ¿Han sido muy bajas nuestras metas?". Sin embargo, el número de escuelas católicas está disminuyendo: en la primera década del nuevo milenio, 1400 escuelas católicas cerraron sus puertas y hubo medio millón menos de inscripciones. Muchas escuelas católicas que atendían sobre todo a estudiantes de familias de la clase trabajadora, ahora tienen principalmente grupos de clase media y alta. El Card. Timothy Dolan, arzobispo de Nueva York, advierte que, "no lograr incluir a la creciente población hispana en la educación católica sería un enorme error generacional".

Incluso si el Equipo Especial de Notre Dame sobrepasa la meta de duplicar el porcentaje de hispanos inscritos en escuelas católicas, la mayor parte de los niños, adolescentes y adultos jóvenes hispanos no recibirá formación en la fe en estas instituciones, haciendo más urgente la necesidad de mejorar la catequesis para los latinos. Miles de catequistas hispanos trabajan ahora y el número de jóvenes hispanos católicos en programas de educación religiosa es significativo. Como lo es el número de aquellos que no llegan a participar. Martha Núñez, que dirige un instituto bíblico en el que se habla español y que pertenece a la arquidiócesis de Los Ángeles, comenta que solo en Los Ángeles, a muchos cientos de hispanos se les pide cada año que sean catequistas. La arquidiócesis prepara nuevos catequistas con programas de formación tanto en español como en inglés y con el Congreso de Educación Religiosa, multilingüe, que se tiene todos los años. Núñez asegura que cerca de 100,000 niños hispanos son bautizados en la arquidiócesis cada año, enfrentando a las parroquias con el reto de ayudar a sus papás a formarlos en la fe católica.

Como los católicos de otros contextos culturales, la mayor parte de los hispanos mandan a sus hijos a las clases de la Primera Comunión y a muchos los han preparado para el sacramento de la Confirmación; pero la participación en los programas de educación religiosa no relacionada con la preparación sacramental es menos frecuente. Así, la necesidad de preparar a los catequistas, ofrecer programas de catequesis más atractivos y animar a los padres y sus hijos a participar en ellos es un reto fundamental para cualquier esfuerzo del ministerio hispano en las parroquias y diócesis de Estados Unidos. Los fondos, de cualquier forma, siguen siendo un problema. En varias parroquias, el presupuesto anual provee fondos para la escuela católica, pero es una partida muy pequeña para la educación religiosa si se toma en cuenta al gran número de estudiantes de escuelas públicas a los que sus programas de educación religiosa se supone deben catequizar.

Las tasas de participación, relativamente bajas, en los grupos juveniles es otro problema para evangelizar a los jóvenes latinos. Los líderes hispanos de jóvenes hablan de una débil dimensión misionera del Catolicismo en Estados Unidos. Citando su experiencia como ministro de jóvenes, Lynette deJesús Sáenz asegura: "es muy raro que los líderes vayan a buscar a los adolescentes 'perdidos' de la comunidad, a no ser que sus padres, por propia iniciativa, les pidan ayuda". En muchos ministerios se enseña a los jóvenes a tener cuidado con las influencias negativas de sus compañeros. Los grupos de jóvenes y su fe católica no se ven como un núcleo para evangelizar a los compañeros, sino como "una protección contra las trampas morales de la adolescencia". Sáenz reconoce que los jóvenes necesitan madurez y preparación para ser "misioneros" entre sus compañeros. Pero Sáenz insiste en que llegar a los jóvenes que se encuentran "en los márgenes de la vida social y comunitaria" es nada menos que "la llamada del Evangelio". Los delegados de la juventud hispana en su primer Encuentro Nacional fijaron esta forma de trabajar como imperativa para los jóvenes latinos de hoy. De acuerdo con sus conclusiones del Encuentro, circunstancias como la presión de los compañeros, la influencia de los medios de comunicación, la pobreza, la soledad, la discriminación, las dificultades de la transición generacional para los niños de inmigrantes y el número de jóvenes emigrantes que vienen a Estados Unidos sin sus familias "claman por la acción misionera de los jóvenes activos en su propia generación".

Así, quienes defienden el ministerio hispano sostienen que en todos los niveles del Catolicismo de Estados Unidos hay una necesidad inmensa de una mejor respuesta institucional para hacer crecer el liderazgo, tanto en los latinos como en los no latinos, que logre comprometer a números cada vez más grandes de jóvenes hispanos. Recuerdan a sus compañeros líderes de pastoral que los jóvenes que han estado marginados de la vida social y eclesial, que han pasado por las dificultades de la transición generacional, o han experimentado lo que significa ser un joven hispano en Estados Unidos, son a menudo los mejores testigos para otros que se encuentran en circunstancias similares. Un resumen de "mejores prácticas" en el primer Encuentro Nacional de Pastoral Juvenil Hispana subraya la importancia de prestar mucha atención a la formación del liderazgo latino.

Los datos sociológicos respaldan las peticiones urgentes de los líderes del ministerio. La presencia de un miembro en el equipo de la parroquia con un compromiso con la juventud tiene un peso importante para que los hispanos se involucren en los ministerios de jóvenes. Johnson-Mondragón concluye que "el contar con un ministro pagado para los jóvenes de la parroquia es la mejor garantía de que los jóvenes participarán en el grupo de adolescentes católicos hispanos". De forma semejante, una "estructura más efectiva" para mejorar la pastoral juvenil en las parroquias y movimientos apostólicos es contratar a un miembro en el equipo diocesano para coordinar estos ministerios. Aun así, los adolescentes hispanos están más acostumbrados que los euroamericanos a no tener un ministro de pastoral juvenil pagado en su parroquia; lo mismo sucede con los jóvenes hispanos que participan en la pastoral juvenil en relación con los jóvenes de habla inglesa. Un estudio de 2002 de la Federación Nacional para el Ministerio Juvenil Católico encontró que solo cerca del cinco por ciento de los ministros juveniles encuestados eran hispanos. También mostró que los ministros juveniles se sienten menos competentes para "responder a las necesidades de los jóvenes de diferentes culturas" y que las diócesis, institutos de pastoral y universidades católicas donde muchos recibieron su formación pastoral en el liderazgo no ofrecían "los cursos para jóvenes que vienen de diversos contextos culturales".

La transición de inmigrante a nacido en Estados Unidos o a generaciones que han crecido en Estados Unidos es claramente el principal reto de evangelización de los latinos. Dado que comienzan a superar la educación formal, a menudo limitada, que recibieron sus padres y abuelos, los jóvenes latinos necesitan una catequesis que interese sus mentes y corazones. A menudo la fe de sus mayores no aborda de forma adecuada la compleja realidad del mundo en el que viven. Necesitan formación en la fe y doctrina católica que les permita afrontar esta realidad y construir sobre sus tradiciones religiosas. Cuando las familias católicas, las parroquias, las escuelas y los ministerios juveniles no ofrecen una formación que tome en cuenta el contexto cultural de los jóvenes latinos y las circunstancias concretas de su vida, estos tienden a participar mejor en iglesias pentecostales o evangélicas, o a separarse de cualquier práctica o tradición religiosa.

¿Qué se va a necesitar para despertar la fe católica de los jóvenes hispanos? En conjunto, los esfuerzos y recomendaciones pastorales para impulsar los ministerios de jóvenes y adultos jóvenes hispanos, la catequesis, la labor de los padres para formar a sus hijos en la fe y la participación en la educación católica demuestran la necesidad de una respuesta paralela a los esfuerzos de toda la Iglesia por construir escuelas católicas en los siglos XIX y XX. Las escuelas católicas siguen siendo una fuente vital para preparar nuevos líderes para la Iglesia y la sociedad. Pero desde una perspectiva democrática actualmente la necesidad más grande de los jóvenes latinos es los programas de catequesis, los ministerios de jóvenes y adultos jóvenes, y llegar a la gran mayoría que ha sido educada en instituciones públicas, porque son ya parte de la fuerza de trabajo. El ministerio debe llegar a todos los jóvenes hispanos, no solo a los que ya se han adaptado a la cultura americana y que están representados de forma desproporcionada en las escuelas católicas y en los grupos juveniles de las parroquias de habla inglesa. Los actuales esfuerzos por nutrir la fe entre los jóvenes latinos van desde la labor en las familias hasta iniciativas a nivel nacional como el Instituto Fe y Vida, La Red y el Equipo Especial de Notre Dame. Estos esfuerzos de la Iglesia por llegar a los latinos aún no se perciben como un intento colectivo para abordar el tema de la transición de la segunda y siguientes generaciones de hispanos en la Iglesia y la sociedad. La capacidad de los líderes católicos de Estados Unidos y de los mismos latinos de salir al paso del reto actual depende no solo de la efectividad de iniciativas particulares, sino también de la convicción de que transmitir la fe a los jóvenes latinos es una prioridad urgente para toda la Iglesia Católica de Estados Unidos.

EPÍLOGO

La transformación de la Iglesia
más grande de América

Los latinos representan una serie de preocupaciones aparte en el Catolicismo de Estados Unidos. En el medio siglo, desde que concluyó el Concilio Vaticano II, muchos católicos euroamericanos han hecho énfasis en temas como la reforma litúrgica, el papel de los laicos, disentir u obedecer la moral sexual y otras enseñanzas de la Iglesia, como el adecuado ejercicio de la autoridad, y la cuestión de quién es llamado a la ordenación. Por el contrario, los latinos se preocupan de temas como dar recursos a oficinas para el ministerio hispano, iniciativas para jóvenes, esfuerzos por llegar a todos los latinos, capacitación en el liderazgo y programas de formación, y un mayor número de misas en español, obispos hispanos, celebraciones de los días de fiesta que son parte de las tradiciones hispanas, esfuerzos para promover una reforma migratoria y programas de formación sensibles a las diferencias culturales para los seminaristas y otros líderes eclesiales. Aunque estos esfuerzos abarcan intentos de reforma en áreas como la liturgia y la participación en el liderazgo de la Iglesia, están orientados a preparar a la Iglesia para atender y acompañar a sus miembros latinos en su fe y batallas diarias. Mientras los líderes hispanos católicos frecuentemente perciben a la Iglesia Católica de Estados Unidos como una importante institución que podría hacer mucho por ayudar a sus hermanos y hermanas sufrientes, los líderes católicos de ascendencia europea están más preocupados por temas de autoridad y la adaptación de la Iglesia al ambiente de Estados Unidos. El antes reportero de religión del *New York Times*, Peter Steinfels, anota que las preocupaciones propias de los hispanos son cada vez más importantes para la vida de la parroquia católica: "los latinocatólicos que constituyen la mayor parte de los miembros de mi parroquia en la Iglesia de la Ascensión, en la calle 107 de Manhattan (…), no conocen o siguen muchas de las preocupaciones que preocupan a católicos como yo. Ellos tienen otros problemas. Y serán probablemente los católicos más comunes en el futuro".

Las preocupaciones de los hispanos revelan grandes divergencias en el Catolicismo de Estados Unidos, dependiendo de sus diversas clases y grupos culturales. Entre los principales temas abordados por este libro, están las interacciones entre la clase trabajadora hispana, formada en parte por inmigrantes recién llegados, y los católicos euroamericanos ya más establecidos. Los puntos de vista de los hispanos son más semejantes a los que tenían los inmigrantes europeos de ayer que a los de los euroamericanos de nuestros días. Esto lo vemos en su pasado católico, su actual vida eclesial y su preocupación por la formación en la fe para los católicos adultos del mañana. Pero los latinos no vienen a recordarnos únicamente que la base de la Iglesia Católica en Estados Unidos fueron los inmigrantes, y sus hijos y sus nietos. Más bien, son un grupo que se está expandiendo rápidamente, que propone sus percepciones culturales y de clase trabajadora en una Iglesia cuyos miembros son todavía ampliamente euroamericanos y de clase media, y cuya influencia es casi absoluta. Mientras los latinos son el apoyo de la "nueva iglesia inmigrante", son también lo que Joseph Fitzpatrick, SJ, ha considerado los "hispanos pobres en una Iglesia de clase media". Este cambio demográfico tan grande se encuentra a la base de las perspectivas hispanas y de las formas de participación que están alterando el paisaje del Catolicismo en Estados Unidos. Estos cambios y los retos de ministerio a los que ellos conducen se intensificarán en las próximas décadas, conforme siga avanzando la transición de una Iglesia euroamericana a otra de mayoría hispana.

Las iniciativas del ministerio hispano no niegan la importancia de los esfuerzos de otros católicos para vivificar su fe, la Iglesia y su testimonio público. Además, los problemas de pobreza, discriminación y otras dificultades no hacen a la gente virtuosa de forma automática ni el bienestar material de la clase media disminuye la necesidad que el ser humano tiene de Dios y de la fe. Los católicos de cualquier contexto cultural y nivel económico sobrellevan las pruebas y tribulaciones de la vida, incluyendo los problemas económicos que han devastado a muchos que habían trabajado por años en carreras exitosas. Algunos hispanos están en la clase media o incluso alta, y muchos aspiran a un estatus más alto. Sin embargo, los intentos de la clase hispana predominante, esto es, de la clase trabajadora, de celebrar su fe y llevarla a su vida cotidiana transforma las parroquias de Estados Unidos, los movimientos apostólicos, el liderazgo, los ministerios, el culto y el compromiso social.

Los latinos tienen mucho que ofrecer al Catolicismo de Estados Unidos. Su juventud es una fuente renovadora para las comunidades de fe católicas. Su liderazgo ha hecho más eficaces los esfuerzos de la Iglesia Católica por crear comunidades de fe y por hacer más grande el influjo de los católicos de a pie en la sociedad civil. Sus ritos y tradiciones devocionales animan a los creyentes a orar y a creer de una forma concreta. Su deseo de formarse en la fe y de servir en diversos ministerios ofrece un nuevo grupo de líderes pastorales. Su promoción de movimientos apostólicos y pequeñas comunidades de fe dieron lugar en Estados Unidos al influyente movimiento de retiros cristianos de tres días y sigue vivificando grupos como Cursillos y RCC. Sus iniciativas en el ministerio y luchas de vida han inspirado a los latinos y no latinos también en su fe y servicio. Sus vínculos históricos y actuales con América Latina son una conexión vital con la región más católica del mundo y amplían las perspectivas para una mayor solidaridad y búsqueda común de objetivos entre los católicos de todo el Continente. Los obispos de Estados Unidos escribieron en su carta pastoral sobre el ministerio hispano de 1983 que los latinos acentúan valores como el respeto por la dignidad de cada persona, un profundo amor a la familia, un sentido más hondo de la vida comunitaria, una valoración de la vida como un don precioso de Dios y una más amplia y auténtica devoción a María, la madre de Dios. Siguiendo la línea de su carta pastoral, los obispos afirmaron en *Encuentro y misión*: "los católicos hispanos son una bendición de

Dios y una presencia profética que ha convertido a muchas diócesis y parroquias en unas comunidades de fe más acogedoras, vibrantes y evangelizadoras".

Los hispanos también pueden recibir mucho de la Iglesia de Estados Unidos. Históricamente, las reformas que los euroamericanos realizaron en el Catolicismo de Estados Unidos después del Concilio Vaticano II, reforzaron los esfuerzos de los latinos por alcanzar una mayor paridad de liderazgo y procesos de planeación pastoral más sistemáticos en parroquias y diócesis. Actualmente, la variedad étnica y racial de los grupos presentes en el Catolicismo invita a los latinos y a los demás católicos a buscar una unidad basada en la fe que pueda ser un contrapeso a las divisiones humanas de la sociedad e incluso de las iglesias. La colaboración con otros católicos que no forman parte de la cultura más extendida es otra posible fuente de enriquecimiento. El fuerte énfasis que se está haciendo en Estados Unidos sobre la vida comunitaria, anima a los latinos a fortalecer sus tradiciones católicas sobre la familia y la cultura, teniendo un compromiso más profundo con la comunidad parroquial, especialmente con la participación en los sacramentos que están en el corazón de la vida y fe católicas. Muchas parroquias siguen siendo lugares acogedores que sirven de mediación para el ajuste a una vida en la sociedad americana. El conocimiento que tienen los católicos residentes de las instituciones educativas, económicas, sociales y políticas de Estados Unidos puede ser una ayuda invaluable para los latinos recién llegados. Algunos líderes influyentes y organizaciones católicas ofrecen un apoyo esencial a las preocupaciones de los latinos, que van desde de inmigración a embarazos no deseados, a organizarse en proyectos inspirados por la fe, al bienestar familiar. Las escuelas católicas están entre los medios más eficaces para que los jóvenes latinos reciban formación en la fe y se abran a un futuro más prometedor. Los programas de educación religiosa y de formación en el liderazgo ofrecen oportunidades a los latinocatólicos para expandir el conocimiento de su fe y vivirla como catequistas, ministros juveniles y diáconos.

Aun así, varios factores inhiben el enriquecimiento mutuo entre hispanos y los demás católicos. Las tensiones étnicas entre quienes hablan inglés y quienes hablan español, levantan barreras en la vida comunitaria de la parroquia. Las diferencias generacionales entre la joven población hispana y los euroamericanos mayores a menudo se añaden a estas tensiones. Lo mismo puede pasar con las diferencias culturales, las actitudes anti-inmigrante y los desacuerdos acerca de lo que es la verdadera integración en las parroquias compartidas. Los latinos a menudo tienen menos posiciones de liderazgo y ejercen menos influencia sobre las decisiones que afectan a la vida de la parroquia. Estas situaciones llevan a algunos latinos a participar poco en las parroquias, en caso de hacerlo. De cualquier forma, dado que cada vez son más las parroquias que tienen presencia significativa o mayoritaria de hispanos, otros católicos se sienten despojados y dejan una parroquia donde habían estado activos o incluso abandonan su práctica del Catolicismo. Los grupos pentecostales y evangélicos también merman los números de fieles católicos. La vida mundana distrae a los latinos y a los demás católicos de la práctica religiosa. Una actitud de "privatización de la religión" entre muchos creyentes de Estados Unidos, puede diluir la dimensión comunitaria de la fe y de culto de los hispanos. Las repercusiones de la crisis de los abusos sexuales de algunos clérigos debilitó la credibilidad de la Iglesia y de sus obispos, teniendo un impacto negativo en su capacidad para influir en otros temas como la inmigración, por ejemplo. Las demandas legales se añaden al desastre financiero de una economía agotada, que disminuye los recursos para iniciativas del ministerio. Los ritos y las tradiciones devocionales que los latinos quieren promover en las comunidades parroquiales están en desacuerdo con el interés, más rígido, de algunos líderes pastorales por los ritos y rúbricas oficiales. La educación católica es inaccesible para muchos hispanos desde el punto de vista financiero. El menor número de vocaciones hispanas al sacerdocio, particularmente entre los hispanos nacidos en Estados Unidos, impide el acceso de los latinos a los procesos de decisión de la Iglesia así como a sus contribuciones como pastores. Una relativa falta de educación superior y la preferencia a que los ministros laicos de la Iglesia tengan títulos obstaculizan todavía más las contribuciones del liderazgo latino.

En sus últimos años, el Card. Avery Dulles, SJ, señaló dos posibles escenarios para la influencia de los latinos en la Iglesia Católica de Estados Unidos y en la sociedad en general. Dulles sostenía que "los flujos de inmigración provenientes de áreas culturalmente católicas como América Latina... tienen el potencial de incrementar la influencia de la Iglesia en la cultura americana". Sin embargo, anotó que "el pronóstico es incierto", dado que "existe un serio peligro de que esa población de hispanos ya americanizada, interesada en el éxito en términos americanos, olvide o repudie sus propias raíces y adopte los valores prevalentes en América del individualismo, el profesionalismo y el éxito mundano". Sus palabras tan claras identifican el punto más importante del que depende el impacto de los hispanos en Estados Unidos: el compromiso de los latinos como católicos en un ambiente social y cultural más amplio. En sus palabras está implícita la discusión sobre si los hispanos deberían evitar el proceso de americanización por el que atravesaron los católicos europeos antes que ellos. Los "valores americanos" que cita son claramente negativos. La mejor forma de resistirse a esos valores es adherirse fuertemente a la fe católica y a la Iglesia, y adoptar una actitud "contracultural" a la cultura prevalente. Si no se logra esto, es casi inevitable que se rendirán ante el poderoso influjo del atractivo mundano.

Los líderes del ministerio hispano han retomado el pensamiento del Card. Dulles en su súplica de que los latinos conserven sus valores culturales hispanos, sus expresiones de fe y su dominio del español. Algunos han animado a otros ministros de pastoral, no solo a tolerar sus tradiciones religiosas, sino a promoverlas como expresiones dinámicas de la fe católica. Los líderes latinos han promovido misas dominicales en español o con un estilo litúrgico hispano, celebraciones llamativas de las fiestas hispanas y de las devociones tradicionales, parroquias y movimientos apostólicos con un número predominante de hispanos, grupos de oración, pastoral juvenil y otros ministerios que sigan la dinámica de las parroquias nacionales. Estos ministerios han sido los más exitosos en promover la participación y el compromiso de los hispanos. El apoyo actual que se da a estos ministerios y su desarrollo es indispensable para el futuro del Catolicismo en Estados Unidos. Sin ellos incluso un número más grande de hispanos se alejará de su práctica de la fe católica. Además, la contribución específica de las expresiones de fe de los hispanocatólicos y sus valores culturales se podrían deteriorar seriamente. Para quienes defienden el ministerio hispano, una seria preocupación es que los latinos crezcan en cantidad y lleguen a más puestos de liderazgo en la Iglesia, pero que, durante ese proceso, pierdan las tradiciones que sustentan el Catolicismo latino como lo conocen.

De cualquier forma, la resistencia a la cultura de la mayoría no es suficiente. En realidad, una actitud anti-cultura prevalente es ingenua. La fuerza de la cultura moderna y secular no puede anularse con un simple acto de voluntad. Para bien o para mal, con cada generación que pasa, los hispanos se involucran más con el ambiente y modos de pensar de Estados Unidos. El reto fundamental de transmitir la fe a los jóvenes hispanos de hoy, particularmente a aquellos que nacieron o crecieron en Estados Unidos, hace más clara la necesidad de una formación en la fe que permita a los católicos involucrarse con la cultura que los rodea, haciendo uso de su sentido crítico. Muchos líderes del ministerio hispano están preocupados de que el creciente número de jóvenes latinos no ha experimentado las tradiciones religiosas de sus mayores en la fe. Aun así, una capacidad para hacer frente, de forma convincente, a las situaciones y problemas de la vida, desde la perspectiva católica, es un complemento necesario para el enraizamiento en la propia herencia hispanocatólica. La necesidad más urgente es contar con movimientos apostólicos, experiencias de educación religiosa, líderes pastorales y mentores que construyan tradiciones familiares y étnicas, y formen a los latinos en una fe que es un modo consciente de afrontar la vida.

Quienes apoyan el ministerio hispano saben de sobra que la transformación histórica de la Iglesia Católica de Estados Unidos, en cuanto a sus miembros latinos, es un proceso difícil. El Arzobispo

Patricio Flores exhortó a los participantes en el Segundo Encuentro de Pastoral Hispana de 1977: "Les advierto que la gran tentación que hay en toda lucha dolorosa es la de fastidiarse… No podemos darnos el lujo de desesperar". Mencionaba el "increíble impacto" que los latinos habían tenido en la Iglesia y en la sociedad, y decía que hoy en día, lo que necesitamos, son las mismas palabras que Jesús dijo a sus discípulos durante una tormenta en el mar. Las palabras de Mons. Flores ofrecen un apropiado pensamiento final a los líderes del ministerio hispano que buscan enriquecer a los latinocatólicos, a su Iglesia y a la sociedad: "'No desmayemos', decía el Señor a sus Apóstoles cuando luchaban contra los vientos. Y así nos dice a nosotros que ahora vamos a medio mar: 'Tengan valor, no tengan miedo. Soy yo'".

Bibliografía selecta

Burgaleta, Claudio. *La fe de los hispanos: Diversidad religiosa de los pueblos latinoamericanos*. Liguori, MO: Libros Liguori, 2013.

Elizondo, Virgilio. *Guadalupe: Madre de la nueva creación*. Navarra, España: Editorial Verbo Divino, 1999.

_____. *Jesús de Galilea: Un Dios de increíbles sorpresas*. Chicago: Loyola, 2007.

Gomez, Archbishop José H. *Inmigración y el futuro de Estados Unidos de América: Renovando el alma de nuestra nación*. Huntington, IN: Our Sunday Visitor, 2013.

Groody, Daniel. *Frontera de muerte, valle de vida*. México: Ediciones Paulinas, 2005.

Instituto Fe y Vida. *La Biblia Católica para jóvenes*. Stockton, CA: Instituto Fe y Vida, 2005.

Isasi-Díaz, Ada María, Timoteo Matovina, y Nina M.Torres-Vidal, eds. *Camino a Emaús: Compartiendo el ministerio de Jesús*. Collegeville, MN: Liturgical Press, 2002.

Lucatero, Heliodoro, *Una tradición siempre nueva, siempre viva: Los cambios recientes de la misa*. Liguori, MO: Libros Liguori, 2011.

National Catholic Network de Pastoral Juvenil Hispana–La Red, *Conclusiones: Primer Encuentro Nacional de Pastoral Juvenil Hispana, PENPJH*. Washington, DC: United States Conference of Catholic Bishops, 2008.

A New Beginning: Hispanic/Latino Ministry – Past, Present, Future/Un nuevo comienzo: Ministerio Hispano/Latino–pasado, presente, futuro. Washington, DC: United States Conference of Catholic Bishops, 2012.

Obispos Católicos de México y los Estados Unidos. *Strangers No Longer: Together on the Journey of Hope/Ya no somos extranjeros: Juntos en el camino de la esperanza*. Washington, DC: United States Conference of Catholic Bishops, 2003.

Ospino, Hosffman. *El catecismo de Pedro*. Liguori, MO: Libros Liguori, 2011.

_____. *Evangelización y catequesis en el ministerio hispano: Guía para la formación en la fe*. Liguori, MO: Libros Liguori, 2013.

_____, ed. *Hispanic Ministry in the 21st Century: Present and Future/El ministerio hispano en el siglo XXI: Presente y futuro*. Miami: Convivium, 2010.

Sosa, Juan J. *Manual para entender y participar en la Misa*. Liguori, MO: Libros Liguori, 2009.

CPSIA information can be obtained
at www.ICGtesting.com
Printed in the USA
LVOW10s0031121017
552105LV00022B/667/P